Na Ubook você tem acesso a este e outros milhares de títulos para ler e ouvir. Ilimitados!

Audiobooks Podcasts Músicas Ebooks Notícias Revistas Séries & Docs

Junto com este livro, você ganhou **30 dias grátis** para experimentar a maior plataforma de audiotainment da América Latina.

Use o QR Code

OU

1. Acesse **ubook.com** e clique em Planos no menu superior.
2. Insira o código **GOUBOOK** no campo Voucher Promocional.
3. Conclua sua assinatura.

ubookapp

ubookapp

ubookapp

Paixão por contar histórias

John Adair

COMO LIDERAR
8 LIÇÕES PARA INICIANTES

TRADUÇÃO
UBK Publishing House

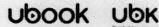

© 2019 John Adair
Copyright da tradução © 2019 por Ubook Editora S.A.

Publicado mediante acordo com Bloomsbury Publishing Plc. Edição original do livro, *How to lead others*, publicada por Bloomsbury Business.

Todos os direitos reservados. Nenhuma parte deste livro pode ser utilizada ou reproduzida sob quaisquer meios existentes sem autorização por escrito dos editores.

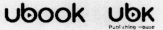

COPIDESQUE	Anna Beatriz Seilhe
REVISÃO	William Bastos | Rafael Ottati
CAPA E PROJETO GRÁFICO	Bruno Santos
IMAGEM DA CAPA	Designed by Freepik

Dados Internacionais de Catalogação na Publicação (CIP)
(Câmara Brasileira do Livro, SP, Brasil)

Adair, John
  Como liderar : 8 lições para iniciantes / John Adair ; tradução UBK Publishing House. -- Rio de Janeiro : Ubook Editora, 2019.

  Título original: Lessons of Leadership

  ISBN 978-85-9556-084-0

  1. Liderança I. Título.

19-28650   CDD-658.4092

Ubook Editora S.A
Av. das Américas, 500, Bloco 12, Salas 303/304,
Barra da Tijuca, Rio de Janeiro/RJ.
Cep.: 22.640-100
Tel.: (21) 3570-8150

INTRODUÇÃO

"Você não nasce líder, você se torna um."
PROVÉRBIO DO POVO BAMILEKE, NA ÁFRICA OCIDENTAL

Bem-vindo! Imagino que você deve estar (ou deseja estar) em uma posição que requer liderança. Qualquer que seja a sua situação, este livro foi concebido para ajudá-lo a melhorar a sua capacidade de liderança.

Meu foco particular é o líder iniciante. Por experiência própria, sei que pode ser assustador, para dizer o mínimo, enfrentar a perspectiva de se tornar líder de uma equipe no ambiente de trabalho pela primeira vez. Alguns dos membros, na melhor das hipóteses, podem ser mais velhos e mais experientes do que você. Como adquirir o respeito deles? Como fazer com que acreditem em você?

O CAMINHO A SEGUIR

Na primeira parte do livro, *Compreendendo a liderança*, vou compartilhar com você a história de como a humanidade adquiriu conhecimento sobre liderança. Com a descoberta do papel genérico do *líder*, houve uma inovadora mudança na natureza de todos os grupos de trabalho.

Compreender esse papel nos coloca a meio caminho de nos tornarmos um líder eficaz. A função genérica de líder pode ser dividida em **oito funções**. A segunda parte do livro, *Desenvolvendo suas habilidades*

6   *Como Liderar: 8 lições para iniciantes*

de liderança, o leva para o território de transformar essas funções em habilidades pessoais e profissionais.

COMO USAR ESTE LIVRO

Para obter o máximo deste livro, é melhor lê-lo de uma vez para obter uma compreensão geral. Em seguida, volte e trabalhe com as perguntas e os exercícios da lista de verificação. Se conseguir persuadir um amigo ou colega a verificar as suas respostas, melhor.

Não presuma que você tem que começar do início e ler até o fim. O livro é organizado para passar do geral para o particular. Algumas pessoas, no entanto, preferem aprender iniciando com o particular (por exemplo, exercícios, habilidades ou técnicas) e passar para o geral. Se você é assim, pode ser melhor começar pela Parte Dois e depois ler a Parte Um.

Você também pode, por exemplo, preferir completar as **listas de verificação** no final da maioria dos capítulos *antes* de ler o capítulo. Decida sua estratégia para usar o livro agora, de acordo com seu interesse e método preferido de aprendizagem.

O resumo dos **pontos-chave** no final de cada capítulo é concebido como um *auxílio* sucinto, mas ocasionalmente lanço uma nova ideia apenas para ver se você ainda está acordado!

COMO APRENDEMOS

Independentemente de qual abordagem adotar ou de quão cuidadosamente ler este livro, você não aprenderá nada sobre liderança a menos que faça um esforço consciente para relacionar os pontos com sua experiência na vida real. É essencial ter em mente que as pessoas aprendem através da interação de

PRINCÍPIOS $\longrightarrow$	EXPERIÊNCIA
ou e	ou
TEORIA $\longleftarrow$	PRÁTICA

Quando as faíscas saltam entre esses dois polos — o geral e o real —, ocorre a aprendizagem. Logo, você precisa de ambos. Os vários estudos de caso e exemplos que exponho neste livro são concebidos para serem "trampolins":

PRINCÍPIOS ⟶ EXEMPLOS DE OUTROS ⟶ *SUA* EXPERIÊNCIA

E o processo também deve funcionar ao contrário. Seu conhecimento prático, adquirido a partir da observação de líderes reais e de sua própria experiência, deve ser usado de forma construtiva e crítica sobre as ideias apresentadas neste livro.

O essencial da liderança (qualidades, funções e princípios) é o mesmo para qualquer campo de trabalho. Estou presumindo que você tem inteligência criativa suficiente para buscar lições sobre liderança em outras áreas além de sua própria esfera de trabalho. Para se tornar um líder educado e treinado, você precisa de uma *"ampla gama de relevância"*. Haverá um princípio ou método geral em outros campos que pode ser relevante para você. Com a minha ajuda, você vai identificar esse princípio e *transferi-lo* ou traduzi-lo para o contexto do seu campo de trabalho.

Então, leia este livro de forma reflexiva. Pare de ler de vez em quando e trabalhe em alguns incidentes em sua própria carreira que podem ter aparecido aqui, já que reflexões pessoais ilustrarão melhor as lições de liderança do que qualquer estudo de caso de segunda mão.

Ter princípios, diretrizes ou listas de verificação de liderança vai reduzir o tempo que você leva para aprender com a experiência. Como disse Henry Ford: "Quando um homem está pronto para se formar na Universidade da Experiência, é velho demais para trabalhar!" George Bernard Shaw acrescentou que o preço a ser pago para aprender é ex-

8   *Como Liderar: 8 lições para iniciantes*

cepcionalmente alto. Pelo menos espero fazer você poupar um pouco dessa despesa!

***

Como acontece com a maioria das coisas na vida, quanto mais você se entregar à leitura, marcação e digestão interna das páginas seguintes, mais você vai extrair delas.

Procure o quanto quiser, mas você não vai achar uma frase minha dizendo que a liderança é fácil. É simples, mas não é fácil. No entanto, se permanecer comigo, prometo que você vai ver que liderar em seu campo de trabalho pode ser imensamente gratificante. Está pronto para o desafio?

A VERDADEIRA CONCLUSÃO

Você pode já ter notado que este livro não tem Conclusão. Há uma razão para isto: você é como meu parceiro na escrita deste livro. Cabe a você escrever sua conclusão e trabalhar como um bom líder e liderar para o bem. Espero que encontre sucesso nessa viagem.

> *Lembre-se que a sua posição não lhe dá o direito de comandar. Ela apenas coloca sobre você o dever de viver sua vida de modo que outros possam receber suas ordens sem serem humilhados.*
> DAG HAMMARSKJÖLD, SECRETÁRIO-GERAL DAS NAÇÕES UNIDAS
> (1953-1961)

PARTE UM:
COMPREENDENDO A LIDERANÇA

"Ouça a todos, arranque uma pena de cada ganso que passar, mas não siga ninguém."

DITADO CHINÊS

Compreender, para a maioria das pessoas, é a chave que abre a porta da ação. Você precisa saber sobre os resultados da pesquisa neste campo e aceitar ou formular algum conceito geral ou integrado de liderança. Isso servirá como um guia ou mapa à medida que você explorar a prática da liderança mais adiante.

Quando tiver terminado de ler as seções e de trabalhar nas várias listas de verificação, exercícios e estudos de caso na Parte Um, você:

- Terá conhecido as três principais abordagens à liderança e será capaz de ver como elas se encaixam na teoria geral da liderança centrada na ação, baseada no modelo dos Três Círculos;
- Será mais consciente de como as três áreas de **tarefa**, **equipe** e **indivíduo** interagem entre si, para o bem ou para o mal;
- Perceberá que a liderança é feita em vários níveis, tais como — no contexto das organizações — **liderança de equipe**, **operacional** e **estratégica**;
- E, por último, mas não menos importante, estará confiante de que você está no campo certo do trabalho para se tornar o melhor líder que pode ser.

1. O que você tem que ser

"Razão e juízo: as qualidades que pertencem a um líder."
TACITUS

"É um fato que alguns homens possuem uma superioridade inata que lhes dá uma influência dominante sobre seus contemporâneos e os marca inequivocamente para a liderança. Este fenômeno é tão certo quanto misterioso. É evidente em todas as associações de seres humanos, em todas as variedades de circunstâncias e em todos os níveis de cultura. Numa escola entre rapazes, num colégio entre os estudantes, numa fábrica, num estaleiro ou numa mina entre os operários, na Igreja e na política, há aqueles que, com um título seguro e inquestionável, assumem a liderança e moldam a conduta geral."

Assim declarou Hensley Henson, bispo de Durham, em uma palestra sobre liderança proferida na Universidade de St. Andrews, na Escócia, em 1934. Desde tempos imemoriais, as pessoas tentam compreender este fenômeno natural da liderança. O que faz uma pessoa ter essa influência sobre os outros?

Como esse conferencista acreditava, a maioria das pessoas pensava que a liderança era uma "superioridade inata". Em outras palavras: você nasce com ela ou não. O líder nascido vai surgir naturalmente, porque

14 Como Liderar: 8 lições para iniciantes

suas qualidades de mente, espírito e caráter vão lhe dar um "título garantido e inquestionável". Note que, incidentalmente, a premissa inconsciente universal é que a liderança é sempre uma prerrogativa *masculina*.

Desde 1934, muitos líderes, observadores e treinadores de líderes têm sido preparados para listar as qualidades que acreditam constituir a liderança nascida. A dificuldade é que as listas variam consideravelmente, e seus compiladores geralmente usam sinônimos grosseiros para a mesma característica. E se tornam bastante longas. Na verdade, há um número desconcertante de características a partir dos quais o estudante de liderança poderia compor seu portfólio. Existem cerca de dezessete mil palavras na língua inglesa que podem ser usadas para descrever personalidade ou caráter.

Um estudo do professor Charles Bird, da Universidade de Minnesota, feito em 1940, procurou vinte investigações experimentais sobre liderança e descobriu que apenas 5% dos traços aparecem em três ou mais das listas.

Uma pesquisa realizada pela revista americana *Fortune* com 75 executivos de alto escalão listou quinze qualidades executivas: julgamento, iniciativa, integridade, previsão, energia, impulso, habilidade de relações humanas, determinação, confiabilidade, estabilidade emocional, justiça, ambição, dedicação, objetividade e cooperação. Quase um terço dos executivos disse acreditar que todas estas qualidades eram indispensáveis. As respostas revelaram que tais qualidades pessoais não têm um significado geralmente aceito. Por exemplo, as definições de confiabilidade incluíam 147 conceitos diferentes. Alguns executivos deram oito ou nove.

Para além dessa aparente confusão, existe uma segunda desvantagem: a abordagem das qualidades ou características não constitui uma boa base para o desenvolvimento da liderança. "Smith ainda não é um líder nato", escreveu um gerente sobre seu subordinado. O que o gerente pode fazer? O que Smith pode fazer? A suposição de que os líderes nascem e não são feitos favorece a ênfase na *seleção* em vez do *treinamento*. Ela tende a favorecer a identificação precoce daqueles com liderança inata e gera a atitude "Você não pode ensinar liderança", mas essa suposição foi desafiada e provou ser falsa.

***

Líderes nascem, não são feitos

O vice-marechal do ar "Johnnie" Johnson foi o melhor piloto do Comando Britânico de Combate na Segunda Guerra Mundial. Em sua biografia Wing Leader (1956), Johnson recorda seu sentimento de perda quando o lendário capitão de grupo Douglas Bader foi abatido sobre a França.

"Na Tangmere, tínhamos julgado Bader pela sua capacidade como líder e piloto de caça, e, para nós, o céu nunca mais seria o mesmo. Desapareceu a voz confiante, ansiosa e muitas vezes desdenhosa. Exortando-nos, às vezes nos amaldiçoando, mas nos mantendo sempre juntos na luta. Ele era o maior estrategista de todos. O dia de hoje marcou o fim de uma era que iria se tornar uma lenda.

As elusivas e intangíveis qualidades de liderança não podem ser ensinadas. Ou um homem as tem ou não tem. Bader as tinha e, em todos os voos, nos mostrava como aplicá-las. Ele nos ensinou o verdadeiro significado de coragem, espírito, determinação, coragem – chame do que quiser. Depois que ele se foi, era nossa tarefa seguir as suas indicações que apontavam o caminho a seguir."

No entanto, seria errado rejeitar por completo a abordagem das qualidades. Era costume os estudantes da disciplina na segunda metade do século passado fazer isso. Por exemplo, C.A. Gibb, um influente psicólogo norte-americano e editor de *Leadership: Selected Readings* [*Liderança: Leituras selecionadas*] (Penguin, 1969), concluiu: "Um líder não é uma pessoa caracterizada por um conjunto específico e consistente de traços de personalidade."

***

Aliás, a primeira pessoa a cunhar uma lista de qualidades de liderança no idioma inglês não foi outro senão William Shakespeare. A palavra *liderança* não existia no seu tempo. Embora pudesse ser uma dentre as novecentas palavras inventadas por Shakespeare, na verdade, ela

16   *Como Liderar: 8 lições para iniciantes*

apareceu pela primeira vez em 1822. No entanto, Shakespeare se refere a alguns generais em uma de suas peças históricas como "homens de grande liderança".

Para Shakespeare, realeza e liderança são virtualmente duas faces da mesma moeda. Naqueles dias, é claro, era esperado que um rei liderasse seus soldados do front de batalha.

Talvez seja um bom momento para compartilhar com vocês uma descoberta que fiz recentemente sobre a origem do verbo *liderar*, um fato que tem sido curiosamente ignorado pela grande comunidade moderna de estudantes acadêmicos e estudiosos da liderança.

Em vários idiomas falados pelas tribos do norte da Europa que invadiram e se estabeleceram na Inglaterra, o substantivo *liderança*, ou læd, significava caminho, trilha ou curso de um navio. O verbo *liderar*, por sua vez, significava ir ou viajar. Mas, em anglo-saxão ou inglês antigo, apenas a forma *causal* deste verbo se manteve.

Em outras palavras, exclusivamente para o inglês, liderar significa *fazer com que* outros — pessoas ou animais — façam uma viagem. Como fazer isso? Sejam ovelhas ou soldados, o princípio é o mesmo: você os conduz e eles o seguirão — livremente, voluntariamente, sem compulsão. É uma causa simples, um efeito nulo, conhecido do homem há três mil anos. Num antigo tabuleiro de barro sumério, foi encontrado inscrito este provérbio: *Soldados sem rei (líder) são como ovelhas sem pastor*.

Shakespeare revela uma óbvia compreensão desse provérbio. Compare os exércitos dos reis Macbeth e Henrique V. de *Macbeth*. As tropas na véspera da batalha final decisiva comparam notas e dizem de seus comandantes ruidosamente:

> "O seu exército se move apenas por comando,
> Não por amor."

Que diferença do exército do rei Henrique em Azincourt, "esforçando-se como galgos na trela" para lutar contra um exército francês em grande número. Por quê? Porque Henrique os conduziu. É claro que ele não fez os discursos longos e inspiradores que Shakespeare coloca em sua boca. (O que ele disse no campo de batalha foi: "Vamos lá, rapazes!")

Não surpreendentemente, é em *Henrique V* que encontramos a preciosa lista de doze qualidades de liderança de Shakespeare, as verdadeiras joias da coroa:

> "As graças vindouras do rei,
> Como justiça, veracidade [integridade], temperança, estabilidade,
> Bondade [generosidade], perseverança, misericórdia, submissão [humildade],
> Devoção, paciência, coragem e fortaleza."

Tais qualidades contribuem para a autoridade pessoal de qualquer líder.

Note que Shakespeare não está tentando descrever as qualidades que qualquer líder real possui como indivíduo, mesmo o rei Henrique. O que ele nos oferece é uma lista das qualidades que qualquer pessoa no papel de líder — especialmente no alto cargo de um rei (ou presidente) — *deve* possuir. Ou, se preferir, são as qualidades que "se tornam" o *papel* de líder, em oposição a qualquer incumbente.

QUALIDADES REPRESENTATIVAS

Ao pensar nas qualidades dos líderes, achei útil distinguir as qualidades **representativas** das **genéricas**.

Entendo qualidades representativas como sendo as necessárias — e devidamente esperadas — em *todos os* membros da equipe. Por exemplo, todos os soldados precisam de coragem, não apenas os seus comandantes. Por conseguinte, é impróprio dizer que é uma qualidade de "liderança". Um líder militar deve, naturalmente, exemplificar a coragem pela sua vontade de liderar, quando a ocasião exige isso. Coragem não fará de você um líder militar, mas você não pode ser um sem ela.

Assim, as qualidades genéricas são aquelas que comumente associamos mais especificamente à liderança. Dão uma "semelhança familiar" a todos os líderes eficazes, qualquer que seja o seu nível, campo ou cultura. Aqui, dou um exemplo: "julgamento calmo". E você vai esboçar, em breve, as cinco ou seis qualidades genéricas da liderança.

Por isso, a liderança muitas vezes nasce de ter uma vocação ou chamado. Isso está sempre no campo do esforço humano, onde seus talentos e interesses, suas aptidões e personalidade geral encontram seu melhor uso a serviço dos outros. É a *boa* enfermeira ou o *bom* cientista, por exemplo, que pode ser considerado um líder. Assim, como corolário, é importante encontrar sua verdadeira vocação.

Algumas pessoas têm facilidade para isso. Outro dia, eu estava falando com uma juíza que afirmou que, aos doze anos, sabia que queria ser advogada. Para outros — e estou entre eles —, pode demorar algum tempo até você encontrar o trabalho mais adequado. Às vezes, é o trabalho mais adequado que o encontra.

Como saber que uma pessoa encontrou esse centro natural? O poeta W.H. Auden sugere um teste simples:

"Você não precisa ver o que alguém está fazendo
Para saber se é a sua vocação.
Só tem de olhar para os olhos dele:
Um cozinheiro fazendo molho, um cirurgião
Fazendo uma incisão primária,
Um escriturário preenchendo um conhecimento de embarque,
Todos usam a mesma expressão de arrebatamento,
Esquecendo-se de si mesmos em uma função."

A liderança, portanto, é realmente uma "segunda vocação" — uma que emerge da própria vocação original na plenitude dos tempos e que, incidentalmente, pode surgir como uma espécie de surpresa. Então, você precisa continuar a procurar nas fases iniciais de sua vida profissional até descobrir o que os franceses chamam de *métier* — sua verdadeira profissão.

ALGUMAS QUALIDADES GENÉRICAS DE LIDERANÇA

O autor francês Marcel Proust escreveu uma vez: "O escritor, para alcançar a generalidade e, tanto quanto a literatura pode, a realidade, precisa ter visto muitas igrejas para pintar uma igreja, e para a representação de um único sentimento, ele precisa de muitos indivíduos."

Tive sorte ao longo de uma longa carreira de encontrar muitos líderes em muitos campos diferentes, e ouvi ou li sobre muitos outros também. Certas qualidades pessoais começaram a se destacar, na minha mente, como sendo comuns, se não gerais ou mesmo universais. São qualidades que os líderes eficazes tendem a ter, e qualidades que as pessoas buscam em seus líderes.

Quando o autor John Buchan, então governador-geral do Canadá, deu o que considero uma grande palestra sobre o tema da liderança na Universidade de St. Andrews, em 1930, ofereceu sua própria lista de qualidades de liderança, mas sabiamente acrescentou: "Podemos fazer uma lista das qualidades morais dos líderes, mas *não esgotá-las*". Concordo com ele. Por conseguinte, você deve considerar a lista que lhe proponho a seguir como sendo indicativa e não final. Está aberta... Você é livre para adicionar ou retirar algo. Aqui está:

- Entusiasmo;
- Integridade;
- Resistência ou exigência e justiça;
- Calor e humanidade;
- Humildade.

EXERCÍCIO 1: QUALIDADES DE LIDERANÇA

Antes de continuar lendo, pegue um pedaço de papel e escreva no topo os nomes de dois indivíduos que você conhece pessoalmente e que considera líderes. Veja se consegue listar as qualidades deles, como fiz anteriormente, dando-lhes nota de um a dez para cada qualidade. Consegue pensar num episódio em que uma determinada qualidade tenha sido exemplificada?

20   *Como Liderar: 8 lições para iniciantes*

Aqui estão algumas anotações sobre cada uma das qualidades genéricas que emergiram da minha mente. Por favor, adicione quaisquer pensamentos ou comentários adicionais que lhe ocorram.

ENTUSIASMO

Consegue pensar em algum líder digno desse nome que não tenha entusiasmo? Eu não consigo. É por isso que está no topo da minha lista de qualidades genéricas.

Para os gregos, o entusiasmo era um dom divino. A palavra grega literalmente significa "ser possuído por um deus" — o que chamaríamos agora de inspiração. Os sintomas de uma pessoa entusiasta são bem conhecidos: um interesse vivo ou forte por uma causa ou atividade, uma grande ânsia, um zelo intenso e, às vezes, até apaixonado pelo trabalho em mãos. Você pode ver por que Shakespeare em *Henrique IV* identifica o entusiasmo como "o sangue vital da nossa empresa". É o sangue vital da sua empresa também.

INTEGRIDADE

A integridade vem logo a seguir ao entusiasmo. Referi-me a ela na minha primeira palestra sobre liderança, "Liderança em História", quando estava na sexta série na escola e desde então nunca mais falei sobre liderança sem mencioná-la.

O marechal de campo lorde Slim definiu integridade como "a qualidade que faz as pessoas confiarem em si". A confiança mútua entre o líder e os liderados é vital: perder isso é perder tudo. Além disso, é muito difícil restabelecê-la. Como dizia o historiador romano Lívio: "Perdendo-se a confiança, todas as relações sociais dos homens são reduzidas a nada."

Integridade, do latim *integer*, significa, literalmente, totalidade: um inteiro é um número inteiro. Mas, no que se refere às pessoas, significa o traço que vem de uma adesão leal a valores ou padrões *fora de si mesmo*, especialmente a verdade: é uma totalidade que deriva de ser fiel à verdade. Sabemos o que significa quando as pessoas dizem de um estudioso ou artista que ele ou ela tem integridade. Eles não se enganam nem enganam as outras pessoas. Eles não são manipuladores. Como Oliver Cromwell escreveu uma vez numa carta a um amigo: "A sutileza pode enganá-lo, a integridade nunca o fará."

A estrela-guia da verdade

Em uma carta escrita de Nova York em 1944, J.B. Yeats compartilhou estes pensamentos com seu filho, o poeta W.B. Yeats:

> "O verdadeiro líder serve a verdade, não as pessoas, não seus seguidores. E ele se importa pouco com a autoridade ou o exercício do poder, exceto na medida em que eles o ajudam a servir a verdade, e nós o seguimos porque nós também — quando sua atenção é direcionada para ela — serviríamos a ela, pois é uma lei fundamental da natureza humana. Porém, podemos ser infiéis a ela muitas vezes, quando enganados pela paixão ou pelo interesse próprio."

Tais líderes, continuou Yeats, ganham uma audiência pronta:

> "O seu comando não excita raiva, pois não somos confrontados com um ego. Eles e todos nós estamos servindo uma amante [a verdade] que realmente emite as ordens que obedecemos."

Só porque as pessoas têm integridade nesse sentido é que criam confiança nos outros — reflita sobre isso em seu lazer. Certamente, todos nós sabemos que uma pessoa que deliberadamente nos engana dizendo mentiras, mais cedo ou mais tarde, perde a nossa confiança.

Há situações na vida que podem testar a sua integridade, por vezes até ao extremo. Uma pessoa íntegra passa por tais provações, testes e tentações. Rudyard Kipling escreve sobre essa vitória moral pessoal em seu poema *If*, que esboça levemente a integridade no esboço:

"Se conseguir manter sua cabeça quando todos
Estiverem perdendo as deles e culpando-te por isso.
Se conseguir confiar em si mesmo quando todos duvidam de você,
Considere a dúvida deles também."

RESISTÊNCIA OU EXIGÊNCIA E JUSTIÇA

Como líder, você precisa ser duro ou exigente, mas justo. Liderança não é ser popular, não é querer ser apreciado por todos. Porque líderes fazem exigências, estabelecem padrões elevados e não aceitam nada além do melhor. Isso nem sempre é popular.

O grande maestro Otto Klemperer esperava o melhor dos seus músicos e não entrou em êxtase quando o conseguiu. Depois de uma apresentação, porém, ele ficou tão satisfeito com a orquestra que olhou para eles e disse: "Bom!" Impressionados, os músicos explodiram em aplausos. "Não *tão* bom", disse Klemperer.

Como Confúcio comentou há muito tempo: "O melhor líder é fácil de servir e difícil de agradar." Note que onde o louvor é feito com moderação, é mais valorizado. Na verdade, há um provérbio iraniano que diz: "Demasiados elogios são piores do que um insulto."

A **dureza** é indicativa de mais do que ser exigente em termos da tarefa comum. Tal como a resiliência e a firmeza, é a qualidade que lhe permite suportar tensão ou stress. Ser firme significa ser fixo e inabalável, e muitas vezes implica em um profundo compromisso com um princípio moral. As pessoas procuram esse tipo de força num líder. Como diz um provérbio árabe: "Sem força dentro, não há respeito fora." Santo Agostinho uma vez rezou por um "coração de fogo" para o propósito comum da humanidade, um "coração de amor" para os outros, e para si mesmo um "coração de aço". Todos os verdadeiros líderes têm esse aço em suas almas.

Pessoalmente, odeio a guerra, mas é inegável que aprendemos muito sobre liderança através da experiência da batalha. Tais situações de crise, quando a vida e a morte estão em jogo — vistas ao longo de três mil anos e em todas as partes do mundo —, são reveladoras da natureza humana, especialmente sobre o tipo de liderança que suscita a melhor resposta. O que é evidente é que os soldados respondem melhor a líderes que não são nem duros nem brandos.

O líder que gostava de ser amado e o comandante que não era um líder
A descrição clássica desses tipos de liderança está no relato de Xenofonte de uma expedição militar de cerca de dez mil soldados mercenários gregos que lutaram de um lado em uma guerra civil persa e depois fizeram uma famosa marcha de oitocentas milhas através do que é agora Iraque e Turquia para a liberdade. Xenofonte, que tinha estudado liderança com Sócrates e mais tarde escreveu os primeiros livros do mundo sobre o assunto, serviu na campanha como um comandante de cavalaria. Sem surpresa, dada a influência de Sócrates como professor, ele foi um observador agudo das habilidades de liderança dos generais gregos.

Proxênio, da cidade de Boeutia, era um jovem muito ambicioso e bem-educado que se juntou ao exército mercenário grego na Pérsia em 40 a.C. Ele estava à procura de fama e fortuna. Embora sem qualquer experiência militar prática — tinha sido tutelado por um acadêmico em táticas militares —, garantiu o cargo através dos seus contatos políticos com um dos seis generais da expedição. Xenofonte, que foi convidado por Proxênio para se juntar à expedição à Pérsia, nos deixou esta descrição do seu amigo e companheiro:

> "Ele era um bom comandante para pessoas do tipo cavalheiresco, mas não era capaz de impressionar seus soldados com um sentimento de respeito ou medo por ele. Na verdade, ele mostrou mais desconfiança na frente de seus soldados do que seus subordinados mostraram na frente dele, e era óbvio que tinha mais medo de ser impopular com suas tropas do que suas tropas tinham de desobedecer às suas ordens."

Xenofonte também nos deixou um retrato do veterano general espartano Clearchus. Na crise que se seguiu à derrota da batalha de Cunaxa fora da Babilônia, quando os gregos enfrentaram uma escolha entre a escravidão ou uma longa marcha perigosa através do território ocupado pelos inimigos até o Mar Negro e a liberdade, todos buscaram por Clearchus — pois ele tinha aquele aço interior, bem como a experiência de ter estado em tal situação antes. Ele sabia o que fazer. No entanto, Xenofonte o descreve como um homem duro — exceto quando um exército estava em crise, ninguém escolheria voluntariamente servir com ele. Em outras palavras, ele era um comandante, mas não um líder.

Em um ato de traição, os persas assassinaram todos os generais gregos e Xenofonte, com 26 anos, estava entre os seis eleitos pelos soldados para substituí-los. Não há necessidade de dizer que Xenofonte aspirava — não sem algum sucesso — ser um grande líder militar.

A dureza e a exigência devem ser sempre expressas no contexto da equidade: um verdadeiro líder não tem favoritos. Um ex-capitão da Marinha Real escreveu:

> "Fazer exigências, mas não de modo irracional. Os líderes precisam ser imparcialmente entregues nas suas exigências aos subordinados. Aqueles que na Marinha exigiam demais dos seus subordinados imediatos — tipicamente chefes de departamento — geravam uma atmosfera negativa e sem alegria. Mas aqueles que eram brandos perderiam o respeito da comunidade. A coerência foi profundamente importante, sobretudo no tratamento da disciplina.
>
> O capitão tem de disciplinar os infratores sob o abrigo da lei e da regulamentação naval, sabendo que a pessoa (a menos que a infração seja grosseira) continua a ser um membro essencial da comunidade de navios de guerra. Os marinheiros compreendem bem essa necessidade de boa ordem: a dureza os perturbará, mas também a incoerência ou a leniência inadequada."

A justiça ou a equidade é uma condição necessária em todas as relações pessoais. Honre os termos do contrato bidirecional que estão na base de qualquer relação de trabalho. Certifique-se de que as pessoas recebam a quantia correta e na hora certa.

> *"Numa relação pessoal entre pessoas, um elemento impessoal é necessariamente incluído e subordinado."*
>
> JOHN MACMURRAY, FILÓSOFO BRITÂNICO

EXERCÍCIO 2: VOCÊ TEM O QUE É PRECISO PARA SER UM LÍDER?

Coloque os seguintes atributos em ordem de "mais valiosos no nível superior de liderança", numerando-os de 1 a 25. Este exercício pode ser feito individualmente ou em grupo.

- *Ambição*
- *Disponibilidade para trabalhar arduamente*
- *Empresa*
- *Astúcia*
- *Capacidade de "manter" a sua posição*
- *Capacidade de escrita lúcida*
- *Imaginação*
- *Capacidade de detectar oportunidades*
- *Vontade de trabalhar longas horas*
- *Curiosidade*
- *Compreensão dos outros*
- *Habilidade com números*
- *Capacidade de pensamento abstrato*

- *Integridade*
- *Capacidade de administrar de modo eficiente*
- *Entusiasmo*
- *Capacidade de falar lucidamente*
- *Solidez mental*
- *Disponibilidade para assumir riscos*
- *Liderança*
- *Capacidade de tomar decisões*
- *Capacidade analítica*
- *Capacidade de enfrentar situações desagradáveis*
- *Abertura de espírito*
- *Capacidade de adaptação rápida à mudança*

CALOR E HUMANIDADE

Como princípio geral, uma pessoa totalmente sem emoção ou impassível não é uma boa líder. Pois em todas as relações pessoais, sejam elas profissionais ou privadas, as pessoas não respondem bem a uma frieza percebida ou real nos outros. Como diz o provérbio chinês: "Você pode viver com chá frio e arroz frio, mas não com palavras frias."

Um sentimento caloroso, uma atitude de amizade geral e uma solicitude discreta pelo bem-estar dos indivíduos são marcas que distinguem um bom líder. Empatia é o poder de entrar na mente de outra pessoa e experimentar imaginativamente (e assim compreender por completo) a forma como as coisas são para essa pessoa. A empatia deve levar a atos que mostrem que você se importa. Nesse sentido, importar-se significa levar a sério o bem-estar dos outros — seus colegas ou companheiros na empresa comum —, colocando as necessidades deles à frente das suas. Marcus Aurelius, imperador romano de 160 a 180 d.C., foi um líder de sua época e sobrecarregado com uma grande responsabilidade. Durante grande parte do seu reinado, liderou suas legiões contra as tribos germânicas, que invadiam o Império Romano a partir do Norte. Por natureza, ele era um pensador reflexivo, um amante da sabedoria prática. Suas *Meditações* ainda são um clássico: uma coleção de aforismos e reflexões escritas tanto para sua própria orientação como líder, como um livro para outros. Falando para si mesmo (e a todos os líderes), ele escreve: "Amar de verdade as pessoas com quem se está envolvido é a sua sorte."

HUMILDADE

No contexto da liderança, a **humildade** é melhor entendida como a falta de arrogância. Arrogância não é um atributo atraente em ninguém, muito menos num líder.

Reconhecer os próprios erros e julgamentos, em vez de transformar os outros em bodes expiatórios, é uma marca de humildade. Homens dominadores, excessivamente assertivos ou tirânicos não fazem isso — eles estão sempre certos, mesmo quando seu navio está afundando. Outra característica importante é estar aberto para as opiniões dos outros, especialmente as que diferem das suas. Por último, a capacidade de continuar a aprender, mudar, crescer até o fim de seus dias é a bênção que a humildade — apesar de não ser fácil — vai conferir a você.

Qualquer forma de representação ou hipocrisia é incompatível com a humildade. É por isso que uma pessoa humilde nunca finge ser melhor ou pior, mais ou menos importante do que realmente é. Como Dag Hammarskjöld escreveu: "A humildade é tanto o oposto do auto-negligência quanto da exaltação de si mesma."

***

Tenha também em mente outra distinção útil: personalidade é diferente de caráter. Personalidade é a impressão total que outra pessoa faz de você — ou você, dela. O caráter, pelo contrário, não é algo que seja imediatamente aparente ou sentido. Só conhecendo outra pessoa ao longo do tempo é que você vai descobrir se ela tem princípios morais, valores.

Você deve notar que chamamos a personalidade de alguém de atraente ou pouco atraente, mas nunca boa ou má. Estes termos morais se aplicam apenas a personagens. O caráter é essencial para uma verdadeira liderança (mais do que personalidade), e a moralidade é parte integrante da liderança. Pessoas ruins podem ser encontradas em cargos de liderança, mas é um erro chamá-las de líderes.

CHECKLIST:

VOCÊ TEM ALGUMA CARACTERÍSTICA BÁSICA DE LIDERANÇA?

Liste cinco características ou qualidades pessoais que são esperadas ou necessárias em quem trabalha na sua área e se avalie como "Bom", "Médio", "Fraco" em cada uma delas.

	Bom	Médio	Fraco
_____	☐	☐	☐
_____	☐	☐	☐
_____	☐	☐	☐
_____	☐	☐	☐
_____	☐	☐	☐

	Sim	Não
Você se considera responsável?	☐	☐
Gosta da responsabilidade e do reconhecimento de um líder?	☐	☐
Você tem entusiasmo no trabalho?	☐	☐
Alguém já se referiu a você como uma pessoa íntegra?	☐	☐
Você exige muito de si mesmo, mas de modo justo?	☐	☐
Acredita que as outras pessoas pensam em você como alguém bom e generoso?	☐	☐
Você equilibra autoconfiança e humildade?	☐	☐

PONTOS-CHAVE

- A personalidade e o caráter de um líder vão transparecer em tudo o que diz e faz. Quem você é como líder é tão importante quanto o que você faz. O papel de líder sem personalidade é vazio, mas a personalidade sem papel é ineficaz.

• As pessoas esperam encontrar em seu líder um reflexo das suas melhores qualidades, especialmente as que caracterizam um *bom* funcionário em sua área de atuação. Possuir tais qualidades representativas é uma condição necessária para liderar os outros. Mas, além disso, há também algumas qualidades genéricas de liderança a serem consideradas.

• Os bons líderes *são* entusiastas. Você pode pensar em algum verdadeiro líder que tenha conhecido ou lido sobre que não tem entusiasmo?

• Integridade significa solidez ou completude. Uma pessoa íntegra adere a princípios morais, custe o que custar. Eles não mentem, enganam ou se submetem ao suborno. Integridade é uma qualidade que faz com que as pessoas confiem em você — e é essencial em um líder.

• Os líderes precisam desenvolver algum aço dentro de si mesmos, pois, em alguns contextos, precisam ser duros e exigentes, mas justos. *Sem uma força interior, sem respeito no exterior.*

Generosidade e bondade — humanidade — é uma pré-qualidade de um líder.

• A humildade em um líder é um antídoto para o orgulho, a arrogância, a alta autoestima e o egoísmo.

"Não consigo ouvir o que está dizendo porque você está gritando comigo."

PROVÉRBIO ZULU.

2. O que você tem que saber

"Há um pequeno risco de que os líderes sejam desprezados por aqueles que lideram se se mostrarem capazes de colocar em prática o que pedem."

XENOFONTE

A segunda abordagem principal para a compreensão da liderança foca na **situação**. Levada aos extremos, esta escola declara que não existe tal coisa como um líder nascido — tudo depende da situação. Algumas situações evocarão a liderança de uma pessoa, outras a farão emergir noutra, por isso é inútil discutir a liderança em termos gerais.

Esta "abordagem situacional", como é chamada, sustenta que é sempre a situação que determina quem emerge como líder e que "estilo de liderança" vai adotar. Quem se torna líder de um determinado grupo envolvido em uma determinada atividade e quais são as características de um determinado caso são uma função da situação específica.

Para ilustrar essa teoria, imaginemos alguns sobreviventes de um naufrágio que encontram uma ilha tropical. O soldado do partido pode assumir o comando se os nativos os atacassem, o construtor poderia organizar o trabalho de construção de casas, e o agricultor poderia dirigir o trabalho de cultivo de alimentos. Em outras palavras, a liderança passaria de membro para membro de acordo com a situação.

Note-se que, nesse contexto, "situação" significa principalmente a tarefa do grupo. Se um avião cair em uma selva remota, a pessoa que assume o comando da operação de sobrevivência pode não ser o piloto, e sim a pessoa mais qualificada para o trabalho. Muda a situação, e o líder.

OS TRÊS TIPOS DE AUTORIDADE NO TRABALHO

Essa abordagem tem algumas vantagens óbvias. Ela enfatiza a importância do *conhecimento* relevante para uma situação específica — "a autoridade flui para aquele que sabe", como disse um escritor. Há três tipos de autoridade no trabalho:

- A autoridade do **cargo** — título do cargo, distintivos de posição, nomeação;
- A autoridade da **personalidade** — as qualidades naturais da influência;
- A autoridade do **conhecimento** — técnico, profissional.

Enquanto os líderes no passado tendiam a confiar no primeiro tipo de autoridade — isto é, se tornavam líderes por terem sido designados os chefes —, hoje os líderes têm que recorrer muito mais ao segundo e terceiro tipos de autoridade.

"KENT: Você tem um jeito que eu chamaria de mestre.
REI LEAR: Que jeito?
KENT: Autoridade."

SHAKESPEARE, *REI LEAR*

Mas o conhecimento técnico não é tudo. É especialmente importante nas fases iniciais de sua carreira, quando as pessoas tendem a ser especialistas. Conforme sua carreira se amplia, no entanto, habilidades mais gerais — tais como liderança, comunicação e tomada de decisão — se desenvolvem. Você precisa adquiri-las, porque só o conhecimento técnico não vai fazer de você um líder.

Michael, de 36 anos, teve uma brilhante carreira como *"backroom-
-boy"* no departamento de contabilidade de uma empresa farmacêutica
britânica. Passou em todos os exames e se especializou em assuntos
fiscais, ganhando uma sólida reputação. Estava na empresa havia 12
anos. Por motivos "situacionais", ele deveria ter sido o homem ideal
para se tornar o líder de seu departamento quando o cargo ficou vago.
No entanto, quando essa promoção chegou, ele foi pego de surpresa.
Não estava preparado para liderar. A empresa estava em recessão e a
moral no departamento, baixa. Ele logo se viu confrontado com todos
os tipos de problemas, tanto sobre a eficácia do departamento como
sobre as pessoas, pois sua experiência em direito tributário não ajudou
em nada. Ele tentou por um tempo e, em desespero, deixou a empresa
para montar o próprio negócio como consultor fiscal.

Até que ponto as competências gerais de liderança são transferíveis de
uma situação de trabalho para outra? Elas são transferíveis, mas, muitas
vezes, as pessoas, não. Às vezes, não têm a capacidade técnica suficiente
ou conhecimentos profissionais exigidos em outro domínio. Como a
coragem no caso do soldado, tal conhecimento e experiência não fazem
de você um líder, mas não dá para ser um líder sem eles. Isso não significa que os líderes não possam mudar de campo (por exemplo, indústria
para a política), nem fazer grandes mudanças dentro dos campos (por
exemplo, tornar-se diretor-geral de uma empresa de eletrônicos depois
de gerir uma fábrica de montagem de automóveis), mas implica que
não serão bem-sucedidos a menos que possam aprender rapidamente
os fundamentos ou princípios da nova indústria ou profissão.

Dentro de um determinado campo, como uma indústria manu-
fatureira, existem outros determinantes situacionais além do tipo de
produto. Tamanho é um fator na equação. Alguns líderes industriais
são atraídos naturalmente para situações em que uma empresa precisa
"se virar" depois de uma história de declínio e perda de moral. Outros
preferem uma empresa animada, tecnologicamente avançada e em
rápido crescimento.

Sócrates sobre liderança

O primeiro a ensinar o que agora é chamado de abordagem situacional — que "a autoridade flui para aquele que sabe" — foi Sócrates, na antiga Atenas. Ele não escreveu livros, mas dois dos seus alunos, Platão e Xenofonte, publicaram livros sob a forma de diálogos entre Sócrates e vários interlocutores. É difícil avaliar se esses diálogos foram conversas memorizadas ou trabalhos criativos independentes, mas a inspiração original de Sócrates é inegável.

Nesse contexto, Xenofonte e Platão, de forma bastante independente, nos dão o mesmo exemplo ilustrativo ou parábola sobre liderança, em ambos os casos atribuídos a Sócrates. A seguir, a versão de Platão. (Para entender esse trecho, é útil saber que nos tempos gregos o timoneiro de um navio — o *kubernator*, de onde vem nossa palavra governador — era também o navegador e o capitão do navio):

"Os marinheiros estão discutindo sobre o controlo do leme... Eles não entendem que o verdadeiro navegador só pode ser apto para comandar um navio depois de estudar as estações do ano, o céu, as estrelas e os ventos, e tudo o que pertence ao seu ofício. E eles não têm ideia de que, juntamente com a ciência da navegação, é possível aprender com instrução ou prática, a habilidade de manter o controle do leme, quer alguns gostem ou não.

'Não reparou', perguntou Sócrates a um jovem que veio até ele na esperança de aprender a ser um líder, 'que uma pessoa incompetente jamais tenta exercer autoridade sobre os nossos harpistas, coristas e bailarinos, nem sobre os lutadores? *Todos os que têm autoridade sobre eles podem dizer onde aprenderam o que sabem.*"

Aliás, Sócrates também ensinou que quando as mulheres sabem mais do que os homens (no sentido profissional ou técnico), tendem a ser aceitas como líderes. Ele deu a indústria de tecelagem em Atenas como exemplo.

A NECESSIDADE DE FLEXIBILIDADE

Mesmo dentro de um determinado campo — ou dentro de uma determinada organização — a situação varia. Algumas pessoas argumentam que tais mudanças requerem uma mudança de líder. Uma empresa em crescimento pode precisar de um líder empreendedor e entusiasmado e, uma vez estabelecidas as suas linhas de produtos e quotas de mercado, essa pessoa pode ficar frustrada e deve ser substituída por outro tipo de pessoa.

Uma empresa química em Teesside instalou uma nova fábrica para produzir amoníaco. Durante a fase de comissionamento, que durou vários anos, houve muitas crises. A fábrica teve avarias frequentes. Houve acidentes e todo o tipo de *bugs* no sistema. A planta estava "em funcionamento". No novo "estado estacionário", o primeiro gestor, que tinha prosperado nos desafios técnicos, tornou-se inadequado. Ele foi substituído por uma pessoa menos abrasiva, que dedicou muito mais tempo ao desenvolvimento de boas relações de trabalho, que é o que a nova situação exigia.

A resposta, é claro, é desenvolver tanta *flexibilidade* quanto possível dentro de suas limitações. No entanto, é sempre difícil saber quais limitações são essas. É fácil fazer suposições que se revelam infundadas.

Mark nunca pensou em si mesmo como um líder durante uma crise. Ele trabalhou como professor numa escola no sul de Londres. Nas férias, levou um grupo de meninos e meninas para o País de Gales. Uma noite, um rapaz que desobedeceu às instruções e vagou por conta própria caiu numa mina desocupada. Longe de entrar em pânico, Mark ficou mais calmo. Ele tomou conta da situação.

Depois que os serviços de resgate chegaram e resgataram o menino, parabenizaram Mark pela liderança mostrada. Ele estava exausto, mas aprendeu uma verdade importante sobre si mesmo. Ao contrário de suas expectativas e às dos seus colegas, ele revelou a capacidade de responder e liderar em uma crise. Por acaso, um acidente semelhante, só que mais grave, ocorreu na Itália naquele ano, quando um menino pequeno ficou preso em um poço estreito. O caos reinou. Mesmo o presidente de Itália, que se apressou a entrar em cena, não conseguiu dar a liderança necessária, e a criança morreu.

A maioria das pessoas descobre, à medida que envelhecem, que possuem aptidões, interesses e temperamento para liderar em alguns campos mais do que em outros. Algumas situações de trabalho características, por exemplo, exigem rapidez de reação ou apreensão rápida.

36 *Como Liderar: 8 lições para iniciantes*

Algumas contingências não podem ser previstas. A guerra fornece muitos exemplos de tais ocasiões em que a rapidez de pensamento é essencial para o sucesso. Numa conversa com Las Casas, um dia, Napoleão refletiu sobre a raridade que é reagir rapidamente em situações de emergência: "Quanto à coragem moral, raramente me encontrei com a coragem do tipo que surge às *duas horas da manhã*: a coragem despreparada, que é necessária numa ocasião inesperada; e que, apesar dos acontecimentos mais imprevistos, deixa plena liberdade de julgamento e de decisão."

Napoleão, que não sofria de falsa modéstia, não hesitou em dizer que era dotado dessa coragem de "duas horas da manhã" e que tinha encontrado poucas pessoas iguais.

Uma implicação importante da abordagem situacional, como já sugeri, é que você deve selecionar a área em que deseja exercer a liderança com cuidado. Pense nessa área como sendo a sua primeira vocação. Normalmente os interesses, a aptidão e o temperamento são suficientemente bons guias. Com a minha fraca aptidão para a música, por exemplo, estaria perdendo o meu tempo se aspirasse dirigir a Orquestra Sinfônica de Viena.

No entanto, depois de ter escolhido a área, você deve desenvolver a máxima *flexibilidade* dentro dela, para perceber as mudanças nas situações e responder com o estilo de liderança adequado. Ao mesmo tempo que vai crescer em liderança, seu conhecimento técnico e sua experiência serão ampliados e aprofundados também.

Conheça a sua área de atividade

Outra qualidade comum aos líderes é a sua vontade de trabalhar arduamente, de se preparar, de conhecer a fundo o seu campo de atividade. Já ouvi falar muitas vezes de um indivíduo: "Oh, ele vai sobreviver com a sua personalidade." Bem, ele pode "sobreviver" por um tempo, mas, se essa personalidade encantadora é tudo o que tem, chegará o dia em que vai procurar um emprego.

Nunca conheci o presidente Roosevelt tão bem quanto alguns dos outros líderes mundiais, mas nas poucas conferências que tive com ele fiquei impressionado não apenas com suas qualidades inspiradoras, mas com a sua incrível compreensão de todo o complexo esforço de guerra. Ele poderia discutir estratégia em igualdade de condições com seus generais e almirantes. Seu conhecimento da geografia dos palcos de guerra era tão enciclopédico que os lugares mais obscuros em países distantes estavam sempre bem localizados em seu mapa mental. Roosevelt tinha personalidade, mas, como líder de sua nação em um conflito global, também fez seu trabalho de casa... completamente.

DWIGHT D. EISENHOWER

"Que cada homem passe os seus dias naquilo em que a sua habilidade é maior", escreveu o poeta romano Propércio no século I a.C. Como líder, você deve ter o tipo de temperamento, qualidades pessoais e conhecimentos exigidos pela função que você escolheu.

A competência técnica ou o conhecimento profissional é uma vertente fundamental da sua autoridade. No entanto, os conhecimentos especializados num determinado emprego não são suficientes — são também necessárias outras competências gerais. Estes se focam na liderança, na tomada de decisões e na comunicação, e podem ser **transferidos** à medida que você se desloca para uma situação diferente no seu campo ou muda para uma nova esfera de trabalho.

No seu domínio, deve expandir os seus conhecimentos sobre o trabalho e desenvolver as capacidades gerais de liderar os outros. Isso aumentará a sua **flexibilidade**. Mesmo dentro das amplas continuidades de uma determinada indústria ou negócio, *a situação mudará*. Os desenvolvimentos sociais, técnicos ou econômicos farão com que isso aconteça. Pronto?

Então, os líderes podem ser treinados?

Alguns dirão que os líderes nascem, não são feitos, e que você não pode criar um líder, nem através do ensino, nem através do treino. Não concordo com isto. Embora seja verdade que alguns homens têm dentro de si os instintos e as qualidades de liderança em um grau muito maior do que outros, e outros nunca terão o caráter para liderar, acredito que a liderança pode ser desenvolvida através do treinamento.

Na esfera militar, acredito que os soldados serão mais propensos a seguir um líder em cujo conhecimento militar eles confiem, em vez de um homem com uma personalidade determinada, mas sem o mesmo conhecimento óbvio de seu trabalho. Para o líder novato, o mero fato da responsabilidade traz coragem. Ter sua posição de chefe reconhecida por um grupo de homens, pelo qual é responsável, lhe dá menos tempo para pensar em seus próprios medos e traz um maior grau de resolução do que se ele não fosse o líder.

Vi que isso era verdadeiro em 1914, quando, como um jovem tenente, comandei um pelotão. Tive que liderá-los em ataques contra alemães entrincheirados, ou realizar atividades de patrulha em terra desconhecida. Pela formação que recebi dos meus superiores em tempo de paz, ganhei confiança na minha capacidade de lidar com qualquer situação suscetível de confrontar um jovem oficial do meu posto na guerra — isso aumentou a minha moral e os meus poderes de liderança, e mais tarde a minha empresa.

Em outras palavras, é quase verdade dizer que os líderes são "feitos" e não nascidos. Muitos homens que não são líderes naturais podem ter alguma pequena centelha das qualidades que são necessárias. Essa centelha deve ser procurada, e então desenvolvida e provocada pelo treinamento. Mas, exceto nas Forças Armadas, esse treino não é dado. Nos círculos civis, parecem considerar que a liderança cai do céu, mas não é assim. Há princípios de liderança, assim como há de guerra, que devem ser estudados."

MARECHAL DE CAMPO LORDE MONTGOMERY (TRECHO DE UMA CARTA ESCRITA PARA MIM EM 1968)

CHECKLIST:

VOCÊ É A PESSOA CERTA PARA ESSA SITUAÇÃO?

	Sim	Não
Acha que seus interesses, suas aptidões (seja verbal ou mecânica) e seu temperamento combinam com sua área de atuação?	☐	☐

Consegue identificar um campo de atuação onde você poderia se tornar líder? ☐ ☐

Você está aprendendo? ☐ ☐

Fez tudo o que pôde na sua carreira para adquirir os treinamentos profissionais necessários ou especializados disponíveis? ☐ ☐

Tem experiência em mais de uma função, em mais de um campo de atuação ou mais de uma indústria? ☐ ☐

Tem interesse em campos adjacentes ao seu e que são potencialmente relevantes? ☐ ☐

Às vezes ☐

Nunca ☐

Sempre ☐

Tem interesse em campos adjacentes ao seu e que são potencialmente relevantes?

Bom	Você se adequou às mudanças situacionais com flexibilidade ou tato; identificou bem as situações, as avaliou e respondeu com um tipo de liderança apropriado.	☐
Adequado	Você se adequou às mudanças situacionais com flexibilidade ou tato; identificou bem as situações, as avaliou e respondeu com um tipo de liderança apropriado.	☐
Fraco	Você é muito adaptado a um ambiente em particular e não suporta mudanças. Acham você duro e inflexível.	☐

PONTOS-CHAVE

- A autoridade da posição permanece importante. Mas um montanhista que sobe no Himalaia não confia a sua vida a um único fio de corda. Você precisa tecer as três vertentes da autoridade — posição, personalidade e conhecimento — se quiser ter a autoridade natural de um bom líder.
- A fim de obter pessoas livres e iguais para cooperar e produzir grandes resultados, você precisa confiar na segunda e terceira formas de autoridade, bem como na primeira.
- A autoridade flui *para aquele* que sabe. A autoridade flui *de* quem sabe. É um processo de duas vias.
- Portanto, sua aquisição de conhecimento técnico e profissional faz parte de seu desenvolvimento como líder. Você vai se equipar com um ingrediente essencial.
- Líderes que compartilham das dificuldades, dos perigos e dos sofrimentos de seu povo adquirem uma quarta forma de autoridade — autoridade *moral*. Mahatma Gandhi e Nelson Mandela são dois bons exemplos. É um princípio que se aplica também aos chefes de equipe.
- As pessoas saberão se você tem ou não autoridade — não vai precisar dizer, muito menos tentar impressioná-las com o que sabe. Um tigre nunca lhe diz que é um tigre.

> *"Temos de ter perseverança e, acima de tudo, confiança em nós próprios. Temos de acreditar que somos dotados para alguma coisa, e é isso que, a todo custo, tem de ser alcançado."*
> MARIE CURIE

3. O que você tem que fazer

"Não o grito, e sim o voo do pato selvagem é o que faz o rebanho voar e seguir."
PROVÉRBIO CHINÊS

Uma terceira linha de pensamento e pesquisa sobre liderança focada no grupo. Esta "abordagem de grupo" tende a ver a liderança em termos de funções que atendem às necessidades do grupo: o que deve ser *feito*. Na verdade, se prestar atenção nas questões que envolvem liderança, há sempre três elementos ou variáveis:

- O **líder** — qualidades de personalidade e caráter;
- A **situação** — parcialmente constante; parcialmente variável;
- O **grupo** — os seguidores: suas necessidades e seus valores.

A terceira escola olhou para a liderança a partir da perspectiva do grupo.

PERSONALIDADE DO GRUPO E SUAS NECESSIDADES

Os grupos de trabalho são, segundo a minha teoria, mais do que a soma das suas partes: têm vida e identidade próprias. Todos, desde que estejam juntos há algum tempo, desenvolvem o seu próprio *ethos*. Chamo isto de **grupo-personalidade** — uma expressão que peguei emprestada do primeiro-ministro britânico, Clement Attlee.

Personalidade do grupo

"É mais importante que a discussão do Gabinete se realize, por assim dizer, a um nível mais elevado do que as informações e opiniões fornecidas pelas várias sínteses departamentais. Uma coleção de ministros departamentais não faz um gabinete. Um Gabinete consiste apenas em seres humanos responsáveis. E é o seu pensamento e julgamento em termos gerais que fazem com que o Governo passe a ter um carrapato, e não argumentos sobre as recomendações dos funcionários públicos. É interessante notar que muito em breve um Gabinete começa a desenvolver uma personalidade de grupo. O papel do primeiro-ministro é cultivar isso, se tiver eficiência e bom senso.

E, se não tiver, fazer o seu melhor para modificar.

Embora uma coleção de chefes de departamento que falam as sínteses dos seus funcionários superiores seja insatisfatória, uma coleção de ministros que não estão em contato com a administração tende a ser irrealista. E um ministro que tem comichão em gerir o departamento de todos os outros, bem como ou de preferência ao seu próprio, é apenas um incômodo. Alguns homens estarão prontos para expressar uma opinião sobre tudo. Eles devem ser desencorajados. Se necessário, eu os calaria. Uma vez é suficiente."

CLEMENT ATTLEE

Na prática, o fenômeno da personalidade do grupo significa que o que funciona em um grupo pode não funcionar em um grupo parecido dentro da mesma organização.

Para que tal personalidade corporativa surja, é claro que um grupo tem que estar na fase formativa por algum tempo. Então, o seu caráter único emerge. Adquire algo como uma memória coletiva. É quando os grupos estão em seus estágios formativos que os líderes podem fazer muito para definir o tom dessa natureza distinta.

A outra metade da teoria enfatiza *o que os grupos compartilham em comum em relação* à sua singularidade. Eles são análogos aos indivíduos a este respeito: por mais diferentes que sejamos em termos de aparência e personalidade, compartilhamos em comum nossas necessidades — à noite, todos nós geralmente começamos a nos sentir cansados; na hora do café da manhã, estamos com fome, e assim por diante. De acordo com o meu modelo, há *três* áreas de necessidade presentes nos grupos de trabalho.

1: Realizar a **tarefa comum.**
2: Permanecer junto ou **se manter como uma unidade coesa.**
3: As **necessidades** que **cada indivíduo traz** consigo para o grupo.

Necessidades da tarefa

Uma das razões pelas quais um grupo se reúne é que há uma tarefa que não pode ser realizada por apenas uma pessoa. Mas o grupo como um todo precisa completar a tarefa dentro de seus limites naturais de tempo? Um ser humano não se importa muito em se alimentar se já está bem alimentado — logo seria de se esperar que um grupo estivesse relativamente alheio a qualquer necessidade se sua tarefa estiver sendo executada com sucesso. Nesse caso, o único sinal de que uma necessidade foi atendida é a satisfação ou euforia que supera o grupo em seus momentos de triunfo — uma felicidade que, como seres sociais, identificamos entre nossas mais profundas alegrias.

Antes de tal realização, porém, muitos grupos passam por uma "noite de desespero", quando pode parecer que o grupo será obrigado a se dispersar sem alcançar o que se propôs a fazer. Se os membros não estiverem comprometidos com o objetivo comum, este será um evento relativamente indolor. Mas, se estiverem, o grupo exibirá vários graus de ansiedade e frustração. Os bodes expiatórios do fracasso corporativo podem ser escolhidos e punidos; reorganizações podem ocorrer e novos líderes podem surgir. Assim, a adversidade revela a natureza da vida em grupo mais claramente do que

44   *Como Liderar: 8 lições para iniciantes*

a prosperidade. Nele, podemos ver sinais ou sintomas da necessidade de continuar efetivamente com o que o grupo se reuniu para fazer.

NECESSIDADES DE MANUTENÇÃO DO GRUPO

Tais necessidades não são fáceis de perceber segundo a tarefa. Como acontece com um *iceberg*, grande parte da vida de qualquer grupo está abaixo da superfície. A distinção de que a necessidade da tarefa diz respeito a coisas, enquanto a necessidade de manutenção de grupo envolve pessoas, não ajuda muito. Mais uma vez, é melhor pensar em grupos que são ameaçados — de forças externas que visam a sua desintegração, ou internas, devido a pessoas ou ideias perturbadoras. Podemos então ver como os indivíduos se comportam contra tais pressões externas ou internas, por vezes mostrando grande ingenuidade no processo.

Muitas das regras escritas ou não escritas do grupo se destinam a promover tal unidade e a manter a coesão a todo o custo. Aqueles que balançam o barco, ou infringem os padrões do grupo e o equilíbrio corporativo, podem esperar reações que variam de indulgência amigável a raiva pura e simples. Instintivamente, existe um sentimento comum de que "unidos, somos fortes; divididos, fracassamos", de que as boas relações, desejáveis em si mesmas, são também meios essenciais para o fim partilhado. Essa necessidade de criar e promover a coesão do grupo.

Lições de gansos selvagens

À medida que cada ave bate as asas, cria um "vácuo" para o pássaro que a segue. Ao voar em uma formação em V, todo o rebanho aumenta em 71% o alcance de voo se comparado a um pássaro voando sozinho.

Sempre que um ganso sai da formação, sente o arrasto e a resistência do ar, e volta rapidamente à formação para aproveitar o "vácuo" do pássaro imediatamente à frente.

Quando o ganso da ponta se cansa, gira de volta para a formação e outro ganso voa para aquela posição.

Os gansos em formação "buzinam" para encorajar os que estão na frente para manter a velocidade.

Quando um ganso fica doente ou ferido ou diminui o ritmo, dois gansos abandonam a formação e seguem para ajudá-lo e protegê-lo. Eles ficam com ele até que consiga voar novamente ou morra. Depois lançam-se sozinhos, com outra formação, ou alcançam o rebanho.

Decidi substituir o termo "manutenção de grupos" por "manutenção de equipes" quando chegou a hora de aplicar a teoria aos líderes em formação. Parecia menos jargão. As primeiras equipes na língua antiga da Inglaterra eram conjuntos de animais de tração que puxavam juntos. Hoje, é claro, uma "equipe" é a palavra mais comum para um grupo de pessoas que formam uma equipe em um jogo ou esporte. Por isso, todos sabem o que é uma equipe. As palavras "grupo" e "equipe" não são sinônimos exatos — todas as equipes são grupos, mas nem todos os grupos são equipes.

No contexto do trabalho de hoje, "equipe" é uma palavra melhor do que "grupo". Para a característica-chave de uma equipe é a *diferenciação de papéis em relação a um objetivo comum*. As funções do goleiro, por exemplo, são diferentes das dos jogadores do meio-campo, mas todos os onze membros da equipe, quaisquer que sejam as suas funções, partilham um objetivo comum.

NECESSIDADES INDIVIDUAIS

Em terceiro lugar, os indivíduos trazem para o grupo as suas próprias necessidades — não apenas as necessidades físicas de alimentação e abrigo, que hoje em dia são conquistadas por meio dos salários, mas também as suas necessidades psicológicas: reconhecimento, sentido de fazer algo que vale a pena; estatuto; as necessidades mais profundas de dar e receber de outras pessoas no trabalho. Essas necessidades pessoais são talvez mais profundas do que às vezes nos apercebemos.

Estas necessidades nascem das profundezas da nossa vida comum como seres humanos. Elas podem nos atrair para qualquer grupo — ou nos repelir. Subjacente a todas, está o fato de as pessoas precisarem umas das outras, não apenas para sobreviver, mas para alcançar e desenvolver sua personalidade. Como diz o provérbio africano: "É preciso uma aldeia inteira para fazer crescer uma pessoa." Esse crescimento ocorre em uma série de atividades sociais — amizade, casamento, vizinhança — mas, inevitavelmente, os grupos de trabalho são extremamente importantes porque as pessoas passam muito do seu tempo com eles.

Vale a pena refletir por um momento sobre a importância de distinguir *grupo* e *indivíduo*, em vez de permitir que sejam confundidos como *pessoas* ou "relações humanas" ou (pior ainda) a "área sociomotora". Naturalmente, a individualidade e o individualismo podem ser levados longe demais. Pois, como mencionado anteriormente, não nos tornamos *pessoas* a não ser em relação aos outros.

Em algumas culturas, em certos momentos houve uma tendência de subordinar o indivíduo ao grupo. A suposição implícita quando isso acontece é que os grupos são mais fortes, mais sábios e às vezes até mais criativos do que os indivíduos que os compõem. O que o grupo quer se torna o último recurso.

No entanto, apesar das diferenças culturais, os líderes devem estar sempre cientes tanto do **grupo** como de cada **indivíduo**, e procurar harmonizá-los no serviço do terceiro fator — a **tarefa comum**.

COMPREENSÃO DO INDIVÍDUO

As necessidades individuais são especialmente importantes em relação à motivação, que está intimamente ligada à liderança. Uma das coisas que os líderes devem fazer é motivar as pessoas através de uma combinação de recompensas e ameaças. No entanto, de acordo com outra teoria, você e eu nos motivamos em grande parte respondendo às nossas próprias necessidades. Como líder, você deve entender essas necessidades nos indivíduos e como eles operam para poder trabalhar com a natureza humana, e não contra ela.

Nesse campo, como nos outros, é útil ter um mapa de esboço. O conceito do psicólogo americano A.H. Maslow de uma "hierarquia de necessidades" ainda é valioso. Ele sugeriu que as necessidades individuais são organizadas numa ordem, das mais fortes ou mais básicas — nós as partilhamos com os animais — até às mais fracas, mais distintamente humanas. Essas necessidades são frequentemente mostradas em um modelo piramidal, mas na verdade Maslow não as apresentou seguindo um modelo visual. A Figura 3.1 é a minha própria estrutura para representá-los.

Figura 3.1

Baseado na hierarquia de necessidades de Maslow:

Fisiológicas: são as necessidades físicas da humanidade por alimento, abrigo, calor, gratificação sexual e outras funções corporais.

Segurança: inclui a necessidade de se sentir seguro contra perigos físicos e a de se sentir seguro física, mental e emocionalmente.

Social: cobre a necessidade de pertencimento e amor, a necessidade de se sentir parte de um grupo ou organização; de pertencer ou estar com outra pessoa. Implícita nela está a necessidade de amar e ser amado; de partilhar e fazer parte de uma família e de uma comunidade.

Estima: estas necessidades caem em duas categorias — autoestima e estimar o próximo. A primeira inclui nossa necessidade de nos respeitarmos, nos sentirmos valorosos, adequados e competentes. A segunda diz respeito à nossa necessidade de outros nos respeitarem, elogiarem, reconhecerem.

Atualizar-se: a necessidade de realizar o máximo possível. Desenvolver um dom ou potencial ao máximo para atender bem os outros.

Maslow faz dois comentários interessantes sobre essas necessidades. Primeiro, se uma de nossas necessidades mais fortes for ameaçada, nós descemos os degraus para defendê-la. Você não se preocupa com o status, por exemplo, se estiver faminto. Portanto, se você parece ameaçar a segurança das pessoas com suas propostas como líder, deve esperar uma resposta bem na defensiva.

Em segundo lugar, uma necessidade satisfeita deixa de motivar. Quando uma área de necessidade é atendida, a pessoa em questão toma consciência de outro conjunto de necessidades dentro dela. Esta, por sua vez, vai motivá-la de agora em diante. Há obviamente muito nessa teoria — quando as necessidades fisiológicas e de segurança em particular são satisfeitas, elas não nos movem tão fortemente. Até que ponto este princípio aumenta a escala é um assunto para discussão.

Maslow deu outra contribuição significativa para a compreensão das necessidades individuais ao reiterar a diferença entre comportamento *instrumental* e *expressivo*. Muito do que fazemos é satisfazer as nossas necessidades: é um meio ou um instrumento para atingir um fim. Mas uma pessoa também faz ou diz coisas para expressar o que é ou se tornou. Um patinador ou um dançarino, por exemplo, está se expressando. Essa percepção pode nos ajudar a entender por que os outros fazem o que fazem. Você também pode encarar a liderança como um instrumento — um meio de atender às tarefas, à equipe e às necessidades individuais — e também como expressão de tudo o que você é e pode se tornar em termos de personalidade, caráter e habilidade.

O MODELO DOS TRÊS CÍRCULOS

O próximo passo importante é relacionar as três áreas de necessidade juntas no modelo dos Três Círculos (Figura 3.2).

Figura 3.2

Os matemáticos reconhecerão esta estrutura como um diagrama de Venn. Foi assim chamado em homenagem ao lógico inglês John Venn (1834-1923), que primeiro usou as três áreas circulares de intersecção para representar conjuntos matemáticos e mostrar as relações entre eles.

Hoje em dia, quando mostro o modelo num slide, costumo colorir os círculos de vermelho, azul e verde, pois a luz (não o pigmento) refrata nessas três cores primárias. É uma forma de sugerir que os Três Círculos formam um modelo universal. Em qualquer campo que você atue, em qualquer nível de liderança — líder de equipe, líder operacional ou líder estratégico —, há três coisas que você deve sempre ter em mente: *tarefa*, *equipe* e *individual*. A liderança é essencialmente uma atividade centrada no outro — não uma atividade autocentrada.

O modelo dos Três Círculos é simples, mas não simplista ou superficial. Tendo em conta as três cores primárias, podemos fazer uma analogia com o que acontece quando vemos um programa de televisão: as imagens em movimento a cores são compostas por pontos dessas três cores primárias e (nas áreas sobrepostas) três cores secundárias. É somente quando você se afasta do complexo quadro da vida no trabalho que começa a ver o padrão subjacente dos Três Círculos. Evidentemente, nem sempre são tão equilibrados e claros como o modelo sugere, mas, ainda assim, estão lá.

Muitas das necessidades individuais — como a necessidade de se realizar e ter a companhia humana — são parcialmente satisfeitas através da participação em grupos de trabalho. Mas um indivíduo também pode correr o perigo de ser explorado devido à tarefa e dominado pelo grupo de forma que perde a sua liberdade e integridade.

É um corolário fundamental dos Três Círculos que cada um dos círculos seja sempre visto em relação aos outros dois. Como líder, você precisa estar constantemente ciente do que está acontecendo em seu grupo em termos dos Três Círculos. Pode imaginar um círculo como um balão ficando maior (melhorando) e outro encolhendo (piorando), ou pode visualizar a situação como se um círculo estivesse completamente eclipsado ou apagado.

Exercício 3: O modelo dos Três Círculos
Corte um disco ou use uma tampa redonda para cobrir um círculo no modelo. Ao mesmo tempo, partes dos outros dois círculos também são cobertas. Usando o disco e fazendo o seguinte exercício, você mesmo pode começar a desenvolver a *consciência*.

Cubra o círculo de tarefas com o disco (Figura 3.3):

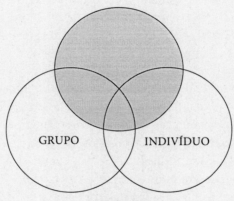

Figura 3.3

Se uma equipe falhar em sua tarefa, isso intensificará as tendências desintegradoras presentes no *grupo* e diminuirá a satisfação das necessidades individuais.

A Polymotors, uma empresa de engenharia que emprega cinquenta pessoas, falhou em atender as encomendas após uma mudança de gestão. O gerente de vendas culpou o chefe de produção e vice-versa. Eles pararam de falar um com o outro. A moral caiu. Alguns indivíduos ficaram com nojo. Por fim, a empresa faliu e todas as cinquenta pessoas perderam seus empregos num período de desemprego elevado.

Consegue pensar em outro exemplo da sua experiência?

Cubra o círculo da equipe com o disco (Figura 3.4):

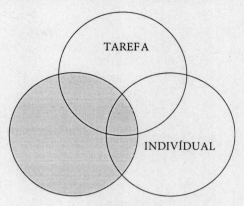

Figura 3.4

Se houver falta de unidade ou de relações harmoniosas na equipe, isso afetará o desempenho no trabalho e também as necessidades individuais.

O departamento de pesquisa e desenvolvimento de uma grande empresa de eletrônicos sediada em Boston, nos Estados Unidos, foi vítima da desunião do grupo. Confrontos de personalidade e rivalidades fizeram do trabalho diário um pesadelo. Através de uma comunicação interna deficiente, o grupo não conseguiu cumprir os prazos. A criatividade caiu para zero. O absenteísmo logo aumentou à medida que os indivíduos encontravam suas necessidades sociais totalmente frustradas no trabalho. Eventualmente, o departamento teve de ser dividido em dois.

Você pode adicionar mais um exemplo a partir de sua experiência?

Cubra o círculo individual com o disco (Figura 3.5):

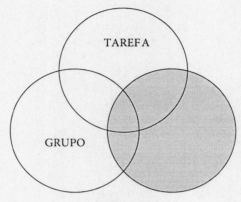

Figura 3.5

Se um indivíduo se sentir frustrado e infeliz, não dará sua máxima contribuição para a tarefa comum ou para a vida da equipe.

Henry trabalhava num escritório de advocacia na cidade. Ele estava lá há mais de vinte anos e se achava seguro. Ninguém se preocupou em lhe explicar o progresso ou as perspectivas da empresa. Ele sentiu que deveria ter sido promovido alguns anos antes, mas quando um cargo ficou disponível foi dado a um homem mais jovem. Henry também se sentiu entediado e frustrado porque suas sugestões para melhorar os procedimentos de trabalho foram ignoradas. Gradualmente, ele se isolou. Trabalhou com o mínimo de esforço e insistiu em deixar o escritório pontualmente às 17h. Já não partilhava o seu intervalo para almoço com os colegas. "Estou só à espera da reforma", disse-me ele. Mas a reforma era daqui a dez anos!

Consegue pensar em outro exemplo?
Cada indivíduo tem um pouco do poder social. Isso significa que pode ajudar a construir boas relações e um clima positivo no trabalho. Por outro lado, um indivíduo pode, por ignorância ou planejamento, usar a sua influência de forma negativa. Fofocas hostis ou prejudiciais ditas

pelas costas das pessoas, por exemplo, consomem relações a longo prazo como o ácido corrói o metal. A fofoca como tal é um aspecto do nosso interesse nas pessoas e na natureza humana, e é principalmente inofensiva. Mas a fofoca perversa e infundada corrói a confiança no trabalho. Um indivíduo positivo pode servir ao grupo desafiando os fofoqueiros, os assediadores ou os valentões. Não precisa ser o líder para fazer isso.

Os círculos no modelo também afetarão uns aos outros se houver uma mudança *positiva* em qualquer um deles.

- A realização em termos de um **objetivo comum** tende a criar um sentimento de **identidade de equipe** — o "nós", como alguns têm chamado. O momento da vitória fecha as brechas psicológicas entre as pessoas: a moral sobe naturalmente.

- **Boa comunicação interna** e um **espírito de equipe desenvolvido** com base em sucessos passados fazem com que uma equipe tenha muito mais chances de se sair bem em sua **área de atuação** e, incidentalmente, proporcionam um clima mais satisfatório para o indivíduo.

- Uma **pessoa cujas necessidades são reconhecidas** e que sente contribuir **para a tarefa e para a equipe** tenderá a produzir bons frutos em ambas as áreas.

Exercício 4: O modelo dos Três Círculos

1. Pode dar um exemplo da sua experiência em que o círculo **da equipe** tem sido excepcionalmente bom — verdadeiro espírito de equipe, muita sinergia, excelentes relações pessoais e boa comunicação —, permitindo à equipe lidar positivamente com fatores **da tarefa** que teriam feito um grupo menos capaz fracassar? Quais têm sido os efeitos de tal grupo sobre os **indivíduos** que o compõem — pense em um caso particular que conheça.

A Techcom, uma pequena empresa de 150 pessoas, tinha construído excelentes relações de trabalho e a moral era extremamente elevada. A gerência e os funcionários confiaram uns nos outros e gostaram de trabalhar juntos; acreditaram no futuro de sua indústria e queriam expandir. Então, foram atingidos por uma queda no mercado interno e por alguns ferozes concorrentes da China, Índia e Coreia. Os trabalhadores se voluntariaram para reduzir os seus salários; a direção prometeu que não haveria desligamentos. Todos redobraram os seus esforços. Logo o negócio melhorou novamente e eles voltaram a ter lucro.

2. Adicione agora um exemplo em que um **indivíduo** influenciou efetivamente o círculo de **tarefas** e também beneficiou a **equipe** como um todo.

Exemplos notáveis da influência do indivíduo nos outros dois círculos são frequentemente fornecidos por dois tipos de membros — *líderes* e *pensadores criativos*. Estes podem estar unidos na mesma pessoa, muitas vezes chamada de *empresário*, ou podem existir separadamente. Certamente cada equipe precisa de seus pensadores criativos, sejam eles gerentes ou não.

FUNÇÕES NECESSÁRIAS

A fim de satisfazer as três áreas de necessidade, como vimos, certas **funções** têm de ser desempenhadas. Uma função pode ser definida como a ação própria ou característica de uma pessoa ou coisa. É muitas vezes uma de um grupo de ações relacionadas, cada uma contribuindo para uma grande ação. Por exemplo, escrevo com uma caneta e, ao escrever esta frase, tanto a mão como os olhos estão cumprindo as suas funções normais e características para contribuir para uma única atividade. No contexto da maior atividade de liderança, funções como a *definição da tarefa* e o *planejamento* são claramente necessárias.

Reúna um grupo de crianças no *playground* com uma tarefa, com ou sem nomear um líder, e você será capaz de observar algumas dessas funções sendo executadas — ou não, conforme o caso.

O PAPEL GENÉRICO DO LÍDER

Até agora, apenas concordamos que existem *três áreas de necessidade sobrepostas* em todos os grupos de trabalho e que, para satisfazê-las, é necessário desempenhar determinadas *funções-chave*. O próximo passo é a ideia de que tais funções estão juntas num conjunto, formando o núcleo do **papel genérico de líder**. A descoberta desse papel genérico coroou uma busca de pensadores que começou há muito tempo na antiga Atenas e na China, e tem sido perseguida intensamente nos últimos tempos.

Expresso na sua forma mais simples, o papel do líder genérico consiste em (Figura 3.6):

Figura 3.6

O papel genérico aqui é expresso em três funções muito amplas. Em seguida, ele pode ser decomposto em funções mais específicas, como *planejamento* e *avaliação*. Mas note que essas funções — e as outras exploradas na Parte Dois — não são atribuíveis a nenhum círculo: elas têm efeitos para o bem ou para o mal em todas as três.

Por exemplo, o *planejamento* se parece com uma função de tarefa. Mas nada como um péssimo plano para desintegrar uma equipe, baixar a moral e frustrar os indivíduos. O planejamento atinge todos os Três Círculos: o modelo é uma unidade, ou, mais precisamente, uma diversidade na unidade.

As equipes que se reúnem para levar a cabo uma tarefa escolhida por si próprias, como os sindicatos ou os clubes desportivos, tendem a *eleger* os seus próprios líderes, que são, em última análise, responsáveis perante a equipe. Quando as tarefas são dadas à equipe, por outro lado, o líder tende a ser *nomeado* pela autoridade superior e enviado

56   *Como Liderar: 8 lições para iniciantes*

como parte do pacote. Nesse caso, o líder é responsável, em primeiro lugar, perante a autoridade competente para proceder a nomeações e, em segundo lugar — se de todo —, perante a equipe. É responsável por todos os Três Círculos.

Isso não significa, evidentemente, que o líder vai desempenhar todas as funções necessárias nas três áreas — há demasiadas funções para que uma pessoa o possa fazer, especialmente em grupos maiores. Se os líderes exercerem a arte da liderança corretamente, vão gerar um *senso de responsabilidade* em todos, de modo que os membros naturalmente querem responder aos três conjuntos de necessidade. Mas o líder nomeado ou eleito sozinho é *responsável* no final do dia. É ele que deve esperar ser demitido ou renunciar se a tarefa não for cumprida, ou o grupo se desintegra em facções beligerantes, ou os indivíduos caem em apatia amedrontada. É por isso que os líderes geralmente recebem mais do que os membros da equipe.

Realidades do comando

Quase todos pensavam que era o general francês Joffre que tinha vencido a batalha do Marne no ano de abertura da Primeira Guerra Mundial — a batalha crucial que impediu o avanço do exército alemão em direção a Paris —, mas alguns se recusavam a concordar. Um dia, um jornalista apelou a Joffre: "Me diga quem ganhou a batalha do Marne?" "Não posso responder", disse o general. "Mas posso lhe dizer que, se a batalha do Marne tivesse sido perdida, a culpa teria sido minha."

Compreender sua posição como líder em relação aos Três Círculos é de vital importância. Ele deve se ver a si próprio como meio dentro e meio fora. Deve haver alguma distância social entre você e a equipe, mas não muita distância. A razão para manter certa distância não é aumentar sua mística, mas sim porque você pode ter que tomar decisões ou agir com dureza no trabalho, o que pode causar reações emocionais dirigidas a você pela equipe e pelos indivíduos que enfrentam, em consequência, alguma mudança indesejada. Você se enfraquece se for muito amigo, ou melhor, se se expõe a pressões — "não esperávamos isso de *você*" — que talvez não seja capaz de suportar.

Há um problema particular para os líderes que são eleitos ou nomeados entre seus colegas e permanecem na mesma equipe. Trocar o relacionamento próximo e amigável dos colegas pelo de um líder e subordinados não é fácil. Isso é reconhecido há anos. Quando o exército romano nomeava um homem para ser um centurião, ele sempre recebia cem homens em outra legião. O princípio é bom.

Você pode começar a ver por que um grau de autossuficiência é importante para um líder. Liderança não é sobre popularidade, como já mencionamos, porque os líderes tendem a ter naturezas sociais, até mesmo gregárias, e podem achar difíceis lidar com as reações negativas. Mas o que importa a longo prazo não é quantas rodadas de aplausos um líder recebe, mas o quanto de *respeito* ele ganha, e isso nunca é alcançado por ser "suave" ou "fraco" na tarefa, na equipe ou nos círculos individuais.

As necessidades sociais do líder podem ser satisfeitas em parte pelas relações com sua equipe, mas é sempre solitário no topo. Ele nunca pode compartilhar totalmente o fardo com aqueles que trabalham com ele ou abrir seu coração sobre suas dúvidas, seus medos e suas ansiedades — é melhor fazer isso com outros líderes em seu próprio nível e, de preferência, de fora de suas próprias organizações.

AS MULHERES COMO LÍDERES

A liderança não é masculina, militar ou ocidental. A unidade na liderança é a *pessoa*, não um homem ou mulher. O único determinante na liderança é: a melhor *pessoa* para desempenhar o papel de *líder* nesse contexto de trabalho. Uma mulher líder excepcional compartilhou comigo sua filosofia pessoal de liderança — não consigo pensar em uma melhor:

"Minha obrigação como gerente é gerenciar de uma forma que permita que as necessidades do negócio sejam atendidas e que os objetivos comuns de meus colegas e os meus sejam alcançados. Ao fazê-lo, tenho a responsabilidade de ver que as pessoas responsáveis por mim que estão cumprindo a tarefa têm a oportunidade de ter satisfação e diversão ao fazê-lo.

Sim, quero dizer divertido. Tarefas difíceis não excluem o prazer e a diversão: quando a diversão sai do trabalho, deve-se considerar seriamente se estamos preparados para lidar com isso — ser um gerente hoje em dia certamente requer um senso de humor.

As ocasiões em que ganhei mais satisfação pessoal ao chefiar uma equipe aconteceram quando as coisas foram realmente difíceis e, no entanto, estamos conscientes do enorme apoio e entusiasmo dessas pessoas.

Creio, no entanto, que o esforço feito por todos os membros da equipe para alcançar essa unidade de objetivos é muito maior do que quaisquer exigências que a tarefa em si possa apresentar. Também é muito mais gratificante. Se tentarmos avaliar esse esforço contra as exigências da tarefa, é como tentar julgar se teríamos nos recuperado da pneumonia se não tivéssemos tomado os remédios desagradáveis. Nunca saberemos, mas estamos gratos por ainda estarmos vivos.

Criar um ambiente de trabalho satisfatório para quem opera nele é um objetivo em si mesmo. Isso não implica que deva ser um ambiente fácil, mas sim um ambiente gratificante em termos de satisfação profissional.

Liderança é uma mistura de entusiasmo, esforçando-se para atingir um objetivo, maximizando os recursos e entusiasmando os outros, o que acrescenta ao gerente de sucesso.

Uma definição que provavelmente partilho com muitos outros gestores é o que não é a verdadeira liderança — não é o poder; é o direito legítimo de uma pessoa liderar através do exemplo e da autodisciplina. A maioria de nós, pelo menos, reconhece-a, admira-a e responde quando a vemos."

Lembre-se que — ao contrário do que algumas pessoas ensinam — não existe tal coisa como "liderança instantânea". Você deve ser paciente consigo mesmo, mas nunca desistir. A melhoria é sempre possível. Como aprender uma nova língua, seus esforços conscientes para estudar e praticar os princípios da liderança centrada na ação podem parecer estranhos e cheios de erros no início. Mas isso é de se esperar, pois a arte está em aperfeiçoar nossos dons naturais.

Eventualmente, tais esforços vão entrar no nosso subconsciente e continuar a influenciar nossas atitudes e ações sem que se deem conta de que isso está acontecendo. E, um dia, as pessoas dirão que você é um "líder nato". Mal sabem eles!

Depois de um concerto, um membro entusiasta do público se aproximou do grande violinista Fritz Kreisler e disse: "Eu daria a minha vida para tocar violino como você nessa noite." "Eu dei", respondeu Kreisler.

CHECKLIST:

O MODELO DOS TRÊS CÍRCULOS

	Sim	Não
Você foi capaz de dar exemplos específicos da sua experiência sobre como os Três Círculos ou áreas de necessidade — tarefa, grupo e indivíduo — interagem uns com os outros?	☐	☐
Consegue identificar o seu preconceito natural:	☐	☐
Você tende a colocar a tarefa em primeiro lugar, e abaixo a equipe e o individual. Para você, a equipe parece mais importante; você valoriza mais os relacionamentos felizes do que a produtividade ou a satisfação profissional individual.	☐	☐
Os indivíduos são extremamente importantes para você; você sempre coloca o indivíduo antes da tarefa ou da equipe. Tende a se identificar demais com o indivíduo.	☐	☐
Você varia a sua distância social da equipe de acordo com uma apreciação realista da situação?	☐	☐
Pode ilustrar isso por experiência própria?	☐	☐

Pontos-chave

- A teoria mais útil sobre grupos para o líder prático é que eles são parecidos com indivíduos — todos únicos e ainda assim todos tendo coisas em comum. O que eles partilham, de acordo com essa teoria, são **as necessidades**, tal como todos os indivíduos. Elas estão relacionadas com a **tarefa, a manutenção da equipe** e o **indivíduo**. Essas três áreas (ou círculos) *se sobrepõem*, para o bem ou para o mal.

- Os líderes em situações reais são *nomeados* ou *eleitos* ou *emergem* — geralmente uma combinação de dois desses métodos.

- Todos os bons membros da equipe compartilharão um senso de responsabilidade ou "propriedade" para as três áreas, mas lembre-se sempre que você, como líder nomeado ou eleito, é o único responsável por todas as três.

- Se você tem um problema em um dos círculos, pode muito bem descobrir que a causa (ou causas) está em um ou ambos os outros círculos.

- Você agora sabe o papel genérico de *líder*, mas essa é a parte fácil! Agora cabe a você pensar bem sobre a forma que precisa assumir em sua própria situação de trabalho.

> *"Não há ninguém que não possa melhorar os seus poderes de liderança com um pouco de pensamento e prática."*
>
> MARECHAL DE CAMPO LORDE SLIM

4. Juntando as pontas

Você pode ser nomeado gerente, mas não é um líder até que sua nomeação seja ratificada nos corações e mentes das pessoas.

ANÔNIMO

A descoberta do papel genérico de líder, como descrito neste livro, provou ser incrivelmente útil para aqueles que querem melhorar suas capacidades como líderes. No campo da liderança, é um avanço comparável, resguardadas as devidas proporções, às descobertas de Newton ou Einstein na física. Como seus avanços teóricos, o papel genérico da liderança provou ser rico em aplicações práticas, especialmente nos campos de treinamento de liderança.

PARTILHA DE DECISÕES

Para muitos, a palavra "liderança" implica um ditador, que vai tomar todas as decisões e fazer todo o trabalho de liderança. Isso é errado. Em grupos de mais de dois ou três há também muitas funções envolvidas para que uma pessoa faça tudo sozinha. O bom líder evoca ou atrai a liderança do grupo. Trabalha como parceiro sênior com outros membros para realizar a tarefa, construir a equipe e atender às necessidades individuais. Os modos como esta partilha se realizam são tão ricos e variados que não podem ser prescritos. Mas um líder que não aproveita a resposta natural das pessoas às três áreas dificilmente merece ser líder.

A maioria dos líderes práticos aceita que outros membros o ajudem a manter a equipe ou a motivar e desenvolver outros indivíduos. Mas e a tarefa? E, em particular, o que dizer da *tomada de decisões* e da *resolução de problemas*? Estas são atividades-chave na área de tarefas. É útil para você como líder conhecer as opções disponíveis na tomada de decisão ou resolução de problemas.

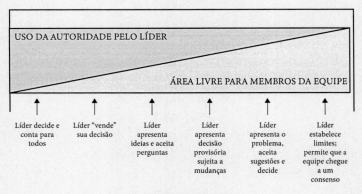

Figura 4.1

Esse modelo (Figura 4.1) é simples: usa a metáfora de que uma decisão é como um bolo que pode ser compartilhado de diferentes maneiras entre o líder e a equipe como um todo ou qualquer membro individual. Em uma extremidade contínua, o líder tem praticamente todo o bolo: ele emite uma ordem ou um comando. O próximo ponto na linha é onde o líder diz o que deve ser feito, mas dá razões, persuade. Os restantes três pontos do *continuum* — as diferentes partes do bolo — são bastante evidentes.

Você deve sempre ter em mente um princípio geral importante: quanto mais você se mover para a direita do *continuum* ou da escala, melhor, pois *quanto mais as pessoas compartilham das decisões que afe-*

tam a vida profissional delas, mais são motivadas a realizá-las. E, como líder, você deve ser um motivador.

Mas há fatores que você deve levar em conta ao decidir quando decidir. Estas incluem a **situação**, especialmente variáveis como o tempo disponível e a complexidade ou natureza do próprio problema.

Assim, o modelo pode ajudá-lo a desenvolver uma compreensão satisfatória do motivo da liderança tomar formas diferentes em organizações que trabalham caracteristicamente em situações de *crise* — aquelas em que por definição o tempo é muito escasso e onde há uma dimensão de vida ou morte, tais como os serviços de emergência ou militares, companhias aéreas civis e equipes de teatro operacional. Aqui, os líderes tomam as decisões eles mesmos e o grupo é treinado para responder prontamente sem argumentos. Pesquisas em cenas de acidentes rodoviários e incêndios florestais confirmam que as pessoas esperam uma liderança firme e definitiva de uma pessoa — precisam disso.

Existem outras variáveis como a **organização** (valores, tradição) e o **grupo** (conhecimento, experiência) que você também deve levar em conta ao decidir em que ponto decidir. Você deve sempre ser *consistente* como pessoa para que os outros saibam como estão as coisas — e, quando se tratar de tomar decisões, sejam *flexíveis*.

DESENVOLVENDO SEU PRÓPRIO ESTILO DE LIDERANÇA

Muito se discutiu sobre "estilos de liderança". Nos primeiros tempos, eles eram rotulados pelos teóricos americanos como "autocráticos", "democráticos" ou "laissez-faire" (ou "faça como quiser"). Esse tipo de pensamento simplista ainda persiste.

A tomada de decisão e o estilo não devem ser confundidos. O estilo implica muito mais do que isso. Também não é possível alterar seu "estilo", que é uma expressão de si mesmo e varia de situação para situação — mesmo que pudesse —, sem correr o risco de insinceridade. Você não quer ser manipulador. Não considero muito útil essa divisão de estilos. Não faz parte da liderança funcional.

Na verdade, sou muito cauteloso em pensar sobre o estilo de alguém como líder. Porque acredito que o estilo não deve ser algo a que se chega

64   *Como Liderar: 8 lições para iniciantes*

conscientemente — ele deve ser natural ou subconsciente à medida que se domina as funções ou habilidades de liderança.

"Gostaria que ficasse registrado em ata", escreveu o famoso autor Samuel Butler, "que nunca me esforcei ao máximo pelo meu estilo, nunca pensei nisso e não sei nem quero saber se é um estilo ou se não é, como acredito e espero, apenas uma simples e comum franqueza". Uma vez que seu estilo pessoal tenha se desenvolvido, será tão difícil de mudar quanto sua caligrafia. Será a sua maneira única de fazer o que é comum — a verdade da liderança, mas a verdade através do prisma da sua personalidade. Como dizia um francês do século XVIII: "Estas coisas são exteriores ao homem; o estilo é a pessoa."

Reflexões de um capitão de críquete

Mike Brearley, um dos mais bem-sucedidos capitães de críquete da Inglaterra, referiu-se ao meu modelo de Três Círculos em seu clássico livro *The Art of Captaincy* [A arte de ser capitão] (Hodder & Stoughton, 1985). A seguir ele reflete sobre a necessidade de equilibrar o interesse individual e grupal pela equipe. Como se constrói uma equipe de individualistas?

Críquete é um jogo de equipe, mas como tal é incomum ser composto de duelos individuais intensos. O interesse pessoal pode entrar em conflito com o da equipe: você pode se sentir exausto e ainda assim vai ter de lançar; pode ser necessário que sacrifique seu postigo para corridas rápidas. E essas tensões conflitantes podem facilmente dar origem ao vício ocupacional do críquete — o egoísmo.

O impulso para o sucesso pessoal é vital para a equipe. Sem ele, um jogador pode deixar de se valorizar e assumir uma desconfiança que prejudica o time. Ele pode, por exemplo, subestimar a importância para a sua confiança — e, portanto, para o interesse de longo prazo da equipe — de ocupar o vinco por horas, mesmo que sejam entediantes, em busca de forma. E vi uma equipe inteira em fuga do egoísmo, com batedores competindo para encontrar maneiras mais ridículas de sair para provar que não eram egoístas.

A função do capitão é fazer com que os jogadores se sintam mais interessados em si mesmos e na equipe. Influenciar o equilíbrio entre indivíduo e grupo. Assim, ele permite que o grupo crie e sustente a sua identidade sem uma uniformidade mortal, e que os indivíduos se expressem o mais plenamente possível sem prejudicar o interesse do todo.

BASEANDO-SE NA ABORDAGEM DAS QUALIDADES

A partir da nova perspectiva do papel genérico, as qualidades tradicionalmente associadas à liderança podem ser vistas sob uma nova perspectiva. Eles podem ajudar (ou dificultar) as três áreas de necessidade — *realizar a tarefa, construir ou manter a equipe* e *desenvolver o indivíduo*.

Primeiro, você deve aplicar os Três Círculos a todas essas listas de qualidades, a fim de escolher todas as essenciais — aquelas que podem ser desenvolvidas. Algumas qualidades começarão a revelar funções e comportamentos específicos, enquanto algumas funções e ações externas implicarão ou expressarão qualidades. Alguns exemplos são apresentados na Tabela 4.1.

Tabela 4.1 *Características da liderança*

	QUALIDADE	VALOR FUNCIONAL
T A R E F A S	*Iniciativa*	Qualidade que surge em muitas listas. Significa a aptidão para agir; habilidade de fazer a equipe trabalhar.
	Perseverança	Habilidade de suportar; tenacidade. Funcional em muitas situações, quando o grupo tende a desistir ou se rende às frustrações.
G R U P O	*Integridade*	Capacidade de integrar; ver os tijolos da parede; juntar partes para um trabalho completo; atributo que cria o clima de confiança em um grupo.
	Humor	Inestimável por aliviar a tensão do grupo ou do indivíduo, ou, ainda, do próprio líder. Relacionado à noção de proporção –– um ativo útil em tudo que envolva pessoas!
I N D I V Í D U O S	*Tato*	Expressar em ações, demonstrando percepção sensitiva do que combina mais, ou ter consideração para com os outros.
	Compaixão	Indivíduos talvez tenham problemas pessoais, em casa ou no trabalho. O líder pode mostrar empatia para ajudar a aliviá-lo.

Algumas qualidades são importantes porque se aplicam a todos os Três Círculos — o *entusiasmo* é um excelente exemplo. Nem todos os entusiastas são líderes, mas, se você tem o dom do entusiasmo, sempre vai contaminar outras pessoas. Produz maior comprometimento com a tarefa, cria espírito de equipe e entusiasma o indivíduo.

Outras qualidades são mais latentes. Elas podem ser expressadas no comportamento em qualquer uma das três áreas. A *coragem moral* e a *humildade*, para dar dois exemplos, são necessárias em certas situações. Mas é importante ser tão específico quanto possível na definição de quando são necessárias. Humildade pode parecer uma palavra estranha, porque implica para muitas pessoas um porão de autoencarceramento muito em desacordo com a autoconfiança, mesmo egoísmo, que marca muitos líderes. Não é isso que significa quando falamos de tarefa, equipe e indivíduo.

Como Aristóteles ensinou há muito tempo, uma virtude repousa em algum lugar entre dois extremos. Se você usar qualquer qualidade em excesso, ou sem as influências moderadoras das qualidades de equilíbrio, pode se tornar uma responsabilidade.

É certo que humildade demais — ou melhor, demasiada humildade do tipo falso — é fatal para a liderança, pois nos priva da autoconfiança que deveríamos ter.

Lady Violet Bonham Carter, amiga de Winston Churchill, disse-lhe uma vez: "Winston, você deve se lembrar que é apenas um verme, como todos nós." Churchill pensou por um momento e depois, com um riso, respondeu: "Sim, sou um verme — mas acredito que sou um *verme brilhante!*"

Obviamente, seria necessário muito tempo e espaço aqui para trabalhar com todas as qualidades mais frequentemente mencionadas em relação à liderança, vendo-as como aptidões, ou dar respostas funcionais — mas, tomando a humildade como exemplo, a Tabela 4.1 explora o grau em que esta qualidade é útil nas três diferentes áreas de necessidade.

HUMILDADE NA AÇÃO

"Um senso de humildade é uma qualidade que tenho observado em todos os líderes que admiro profundamente", escreveu Eisenhower. "Vi Winston Churchill com humildes lágrimas de gratidão nas bochechas enquanto agradecia às pessoas pela sua ajuda à Grã-Bretanha e à causa aliada." Ele continuou: "Minha própria convicção é que cada líder deve ter humildade suficiente para aceitar, publicamente, a responsabilidade pelos erros dos subordinados que ele mesmo selecionou e, da mesma forma, para lhes dar crédito, publicamente, por seus triunfos. Estou ciente de que algumas teorias populares de liderança sustentam que o homem superior deve sempre manter sua 'imagem' brilhante. Creio, porém, que, a longo prazo, a equidade e a honestidade, bem como uma atitude generosa para com os subordinados e os associados, são compensadoras."

Em um discurso em memória de Eisenhower proferido ao Congresso em 1969, o presidente dos Estados Unidos citou como chave para o caráter de Eisenhower uma declaração nunca lida, escrita para ser lida pelo rádio caso os desembarques do Dia D terminassem em desastre. O texto é o seguinte:

"Os nossos desembarques na região de Cherbourg-Havre não conseguiram alcançar uma posição satisfatória e retirei as tropas. A minha decisão de atacar a esta hora e local foi baseada na melhor informação disponível. As tropas, a Força Aérea e a Marinha fizeram tudo o que a bravura e a devoção ao dever podiam fazer. Se alguma culpa ou falha for atribuída à tentativa, é só minha."

Você pode começar a ver como **qualidades** e **funções** de liderança se encaixam como mão na luva. Funções são os verbos ativos que dizem *o que* fazer; qualidades são os advérbios que informam *como* fazer. Como dizem os chineses: "As asas carregam o pássaro; o pássaro carrega as asas."

Os diferentes níveis de liderança

A liderança existe em três níveis amplos:

Equipe: Liderando uma equipe ou pequeno grupo de cerca de cinco a 15 ou 16 pessoas.

Operacional: Liderar uma parte significativa do negócio com mais de um líder de equipe reportando a você.

Estratégico: Liderança estratégica de toda a organização.

O mesmo papel genérico — simbolizado pelo modelo dos Três Círculos — está presente em cada nível. O que difere de nível é a *complexidade*. Por exemplo, o planejamento é relativamente simples em nível de equipe comparado ao tipo de planejamento estratégico que o diretor executivo de uma grande organização precisa entregar.

"Uma instituição é a sombra alongada de um homem", escreveu Emerson. Presumia-se que tudo o que era necessário era um grande líder estratégico. Isso não é verdade. O que todas as organizações precisam é de excelência de liderança em *todos* os níveis — equipe, operacional e estratégico — e bom trabalho em equipe entre os níveis de responsabilidade.

Liderança e valores

Não há uma diferença entre *bons líderes* e *líderes para o bem*?

O modelo original dos Três Círculos só falava de necessidades. Mas é impossível manter os valores fora do quadro, mesmo que alguém quisesse. Você tem valores e necessidades e eles desempenham um papel vital em suas decisões. Na verdade, a relação entre valores e necessidades é muito próxima — precisamos do que valorizamos; valorizamos o que precisamos. Mas eles são diferentes. Bom e mau, verdadeiro e falso, certo e errado, não são necessidades no senso comum, mas afetam a conduta.

Você pode pensar que este é um ponto filosófico, não prático. Mas os melhores líderes têm algo de filósofo. O fato de estarmos valorizando humanos, bem como precisando deles, tem implicações que são mais bem compreendidas com referência ao modelo dos Três Círculos. Vistas através do prisma de valores, temos de procurar respostas para as seguintes perguntas:

Tarefa: Por que esta tarefa vale a pena? Qual é o seu valor para a sociedade? Como se mede esse valor?

Grupo: Qual é a estrutura de valores comumente aceita — incluindo ética — que mantém este grupo unido?

Indivíduo: Partilho os mesmos valores que este grupo? A tarefa vale a pena para você?

Algumas pessoas podem fazer esse tipo de aritmética valorizando muito facilmente a si mesmas. Mas, como líder, você terá que mostrar consciência dos valores da empresa e interpretá-los para as pessoas dentro e fora do grupo. Tarefa, equipe e indivíduo devem estar relacionados em valores e necessidades. É por isso que a verdadeira liderança tem uma dimensão moral, ou mesmo espiritual, inescapável. Sem isso, algumas pessoas podem chamá-lo de um *bom líder* no sentido técnico da palavra — mas você não será um *líder para o bem*.

***

O modelo dos Três Círculos na sua forma ativa serve de catalisador. Ele combina de forma invisível as três principais abordagens para a compreensão da liderança — qualidades, situacional e de grupo ou funcional — em um todo musicalmente integrado.

*Um líder é o tipo de pessoa (**qualidades**) com o conhecimento apropriado (**situacional**) que é capaz de fornecer as habilidades necessárias (**funções**) para permitir que um grupo atinja sua tarefa, para mantê-lo junto como uma equipe coesa e para motivar e desenvolver indivíduos — e o líder o faz em parceria com o nível adequado de participação de outros membros do grupo ou organização.*

Ora, esta frase pesada não pretende, evidentemente, ser uma definição isolada. Mas é uma forma de eu conseguir juntar as pontas.

CHECKLIST

VOCÊ ESTÁ CERTO SOBRE SEU PAPEL COMO LÍDER?

	Sim	Não
Você envolve os membros da equipe em decisões que afetam a vida profissional deles? Mais amplamente, você os envolve ajudando-os a cumprir a sua função genérica de:	☐	☐
realizar a tarefa?	☐	☐
construir e manter a equipe?	☐	☐
Sedesenvolver o indivíduo?mpre	☐	☐
Você percebe como as qualidades colorem e informam as funções?	☐	☐
E como desempenhar funções com habilidade crescente desenvolve suas qualidades?	☐	☐

Quais os quatro valores da "tarefa" na sua área de honra e serviço:

1 _____

2 _____

3 _____

4 _____

	Sim	Não
Você quer ser ao mesmo tempo um bom líder (eficaz), e um líder para o bem — alguém que faz uma diferença positiva para os outros?	☐	☐

Pontos-chave

- *Um tronco de madeira pode ficar no rio durante anos, mas nunca se torna um crocodilo*, diz um provérbio africano. Muitas pessoas são promovidas ao papel de líder de equipe, mas carecem da capacidade de liderança e treinamento de liderança: elas se tornam troncos de madeira, não crocodilos.

- É necessário cumprir — dominar — a função genérica. Seu estilo, que é uma expressão de você, vai emergir naturalmente quando você se aplicar às funções simples de liderança. Porque a liderança consiste em fazer algumas coisas relativamente simples e diretas, e fazê-las extremamente bem.

- Sempre que possível, abra a porta para que os outros membros da equipe possam contribuir para as decisões que afetam suas vidas profissionais — especialmente aquelas que envolvem mudanças significativas. Eles o recompensarão com um maior comprometimento com os resultados.

- A liderança existe em três níveis amplos: equipe, operacional e estratégico. Você deve visar a excelência no papel de **líder de equipe**, mas também a excelência como um **subordinado** ao líder operacional e excelência como um colega para os demais líderes de equipe e pessoal de apoio.

- Em qualquer nível de liderança que você se encontrar, deve pensar e se comunicar sobre a tarefa em termos de valores, bem como as necessidades. Então, o propósito comum tenderá a estar em harmonia com os valores de sua equipe e de todos os indivíduos da organização — inclusive os seus próprios.

- A liderança é uma forma de "verdade através da personalidade". A verdade, nesse caso, é o papel genérico do líder. Ponha isso em primeiro lugar e veja apenas a si mesmo — suas qualidades de personalidade e caráter — à luz desse papel.

> *"A verdade está sempre presente na simplicidade e não na multiplicidade e na confusão das coisas."*
>
> ISAAC NEWTON

PARTE DOIS: DESENVOLVENDO SUAS HABILIDADES DE LIDERANÇA

"A tarefa da liderança não é colocar grandeza na humanidade, mas elucidá-la, pois a grandeza já está lá."

JOHN BUCHAN

Os próximos oito capítulos se concentram nas principais **funções** práticas que você terá que fazer ou gerenciar como um líder. Elas não são deliberadamente agrupadas sob a tarefa, equipe e indivíduo, pois você deve lembrar constantemente que os círculos se sobrepõem. Portanto, qualquer função vai afetar todos os três.

Por exemplo, **o planejamento** pode parecer inicialmente uma função de tarefa, mas nada como um mau plano para romper a unidade do grupo ou frustrar o indivíduo. As funções são as teclas brancas e pretas de um piano: terão de ser tocadas em sequências diferentes e combinadas em acordes se tocar uma música.

Quando você tiver terminado de ler e trabalhar na Parte Dois, você:

Será capaz de identificar as principais **funções** ou **princípios** de liderança nas três áreas e terá uma boa ideia de como se manifestam na prática.

Saberá o que constitui uma **habilidade** em prover essa função em certos tipos de situação.

Estabelecerá as **habilidades** que precisa para desenvolver em si mesmo se quiser ser bem-sucedido em prover essas funções ao longo de uma longa e variada carreira.

5. Definir a tarefa

"Mantenha o objetivo geral à vista enquanto lida com as tarefas diárias."
PROVÉRBIO CHINÊS

Sua principal responsabilidade como líder é assegurar que seu grupo cumpra sua tarefa comum. Liderança às vezes é definida como fazer com que outras pessoas façam o que *você* quer porque *eles* querem. Não concordo. Se é *sua* tarefa, por que alguém deveria ajudá-lo a alcançá-la? Tem de ser uma tarefa *comum*, que todos no grupo possam partilhar por verem valor para a organização ou para a sociedade e — direta ou indiretamente — também para si próprios.

Lembre-se de que a realização da tarefa é o seu principal meio para desenvolver uma moral elevada e satisfazer as necessidades individuais. O que você faz (ou falha em fazer) no círculo da tarefa afeta os outros dois círculos. Portanto, deve ter essas duas esferas em mente quando compromete a si mesmo e o grupo a empreender ações.

Como líder, você não pode desempenhar todas as funções sozinho. O grupo não é um rebanho de ovelhas — passivo, pedaços de carneiro que andam — com você sendo o pastor humano. Eles podem ajudar e você pode ajudá-los a perseguir o objetivo comum de várias maneiras. Os membros do grupo têm energia, entusiasmo, experiência, conheci-

78   *Como Liderar: 8 lições para iniciantes*

mento, habilidade, e muitas vezes ideias criativas, para contribuir para as funções-chave da tarefa.

> **Não seguidores, e sim parceiros**
>
> A imagem do pastor — e ovelha — como metáfora de liderança é muito comum no mundo antigo. Platão a usou em *República*. Mas, em um livro posterior, *Diálogos*, ele diz que um líder não é como um pastor porque os pastores são muito diferentes dos seus rebanhos, enquanto os líderes humanos não são muito diferentes dos seus seguidores.
>
> Além disso, Platão argumenta que as pessoas não são ovelhas — algumas cooperam e outras são muito teimosas. Assim, a opinião revista de Platão era que os líderes são como tecelões. Sua principal função é tecer juntos diferentes tipos de pessoas — os mansos e controlados e os corajosos e impetuosos — no tecido de uma sociedade. Ou, como diríamos no contexto do trabalho, numa equipe eficaz.

As tecnologias reais envolvidas na tarefa vão obviamente variar de grupo para grupo. Mas é possível escolher algumas funções gerais que devem ser desempenhadas em qualquer grupo de trabalho bem-sucedido. Inevitavelmente sem as "roupas" de um determinado negócio, essas funções parecerão bastante nuas, mas elas são as matérias-primas essenciais da liderança.

SER CLARO SOBRE A SUA TAREFA

Você já deve ter notado que "tarefa" é uma palavra bastante geral. Significa um trabalho exigido por um empregador ou uma situação. As tarefas vêm em diferentes formas e tamanhos. Elas também são muitas vezes presentes embrulhados em termos enganosos. O líder, seja por conta própria ou com os outros, pode ter que pensar muito para chegar ao núcleo da tarefa. Uma questão vital é: "Como saberemos quando formos bem-sucedidos?" Se essa pergunta não puder ser respondida, é um sinal de que a tarefa ainda não está suficientemente clara.

Você pode visualizar tarefas em termos de diferentes tamanhos. Pessoalmente, acho útil distinguir entre **propósito, metas** e **objetivos**. Outros preferem fazer uma distinção aproximada entre objetivos de "curto prazo" e de "longo prazo". O dicionário não o ajudará aqui: a língua usa essas palavras de forma bastante vaga. No entanto, é óbvio que existe uma diferença entre o "objetivo" mais amplo e menos definido e o "objetivo" mais tangível ou definido.

Passo a definir os termos **"propósitos"**, **"pontos"** e **"objetivos"**, mas, em primeiro lugar, o seguinte exemplo pode ajudar a ilustrar as diferenças entre esses tipos de tarefas. Mostra o que está envolvido — e o que evitar — na comunicação do objetivo.

Windlesham Ltd. está no negócio de fazer tampões de pia de banheiro. Vamos chamar isso de *propósito*. Há dois *objetivos*: produzir os melhores tampões de pia do mundo e captar 60% do mercado mundial nos próximos três anos (têm 35%). Jane Jackson é apenas uma líder de equipe na fábrica de Chobham. Esta semana, o *objetivo* da sua seção é produzir trinta mil deles para uma nova cidade na Arábia Saudita.

Definir a tarefa não é algo que você deve fazer apenas no início de uma empresa — a confusão sobre o fim de uma tarefa pode invadir um grupo ou uma organização. Portanto, você deve estar pronto para definir o fim para o qual a equipe ou qualquer indivíduo está trabalhando atualmente, sempre que surgir a necessidade.

Propósitos: A tarefa abrangente, geral ou integradora do grupo ou organização.

Seu propósito definido responde às perguntas sobre o *porquê* — "Por que estamos nesse negócio?", "Por que fazemos isso?". Pode significar, também, o conteúdo de valor ou o significado do que você está fazendo.

A natureza humana anseia por significado e, se o seu objetivo se liga a valores morais e pessoais, você não terá dificuldade de gerar uma noção de propósito em sua equipe — e aqui *propósito* significa *energia*. A organização da sua equipe vai fluir bem.

Propósito não é o mesmo que *visão*. Uma visão é uma imagem mental de como você quer que a equipe ou a organização se pareça ou seja, digamos, daqui a três anos.

Fins: Você pode dividir o propósito em *fins*, que possuem um final em aberto, e são direcionados. "Tornar-se um melhor violinista" é um fim. Você

80   *Como Liderar: 8 lições para iniciantes*

pode ter vários — "melhorar minhas capacidades de cozinheiro" é outro exemplo. Mas não deve ter muitos, pois seu tempo e recursos são limitados. E isso é verdade para as equipes e organizações. Portanto, uma vez que o propósito fora identificado, escolha os fins com cautela.

Objetivos: Os *objetivos* são muito mais tangíveis, definitivos, concretos e limitados no tempo. A palavra vem de um encurtamento da expressão militar "ponto objetivo".

Uma imagem familiar — palavra ou metáfora para objetivo é o *alvo*, originalmente a marca em que os arqueiros disparam flechas. Um alvo é tangível e visível. Você pode ver as setas coladas nos anéis externo e interno do olho-de-boi.

Uma *meta* é outra forma de chamar. Um jogo de futebol tem lugar dentro de limites claramente definidos de espaço e tempo: os jogadores podem ver instantaneamente se marcam um gol. Se estiverem frustrados, podem ir e chutar as traves do gol! Marcar gols em uma partida ou alcançar a linha de chegada em uma corrida de maratona requer esforço e trabalho duro prolongados, e esses reflexos muitas vezes colorem o uso da palavra "objetivo" na vida profissional comum.

Lembre-se sempre que um **objetivo** deve ser tangível, concreto, limitado no tempo; um **fim** é menos definido, mas ainda é bastante substancial em vez de abstrato; e um **propósito** pode ser formulado em termos gerais ou de valor.

A RAZÃO

O comportamento aparentemente simples de um líder dizendo a um grupo o que fazer de fato revela vários níveis distintos de habilidade mental, que não podem ser diretamente associados aos níveis de liderança, embora deva haver alguma relação de cooperação entre eles. Eles podem ser identificados para si, juntamente com alguns erros comuns a evitar (ver Figura 5.1).

Talvez a chave para você se concentrar em primeiro lugar seja a capacidade de dividir o *geral* no *particular*. Aristóteles ensinou ao seu aluno, o futuro Alexandre, o Grande, a simples lição de como tomar uma intenção geral e transformá-la num objetivo específico. (É por isso que Alexandre foi capaz de conquistar o mundo conhecido em sua época! Infelizmente, ele acabou por ficar sem mundo e sem tempo, mas isso é outra história). Todos os líderes precisam dessa habilidade de extrair os objetivos das metas, e então dar os *passos* para que estes sejam alcançados. Ou, como diz um provérbio mais colorido: "Se vai comer um elefante, tem de fazê-lo com uma mordida de cada vez."

O processo inverso — relacionando o *particular* com o *geral* — é igualmente importante. Os líderes tendem a dar *a razão pela qual* algo tem de ser feito e os chefes apenas lhe dizem para fazer. Responder à pergunta "por quê?" significa conectá-la na mente do grupo com os objetivos ou propósitos contínuos maiores.

A mera presença de um propósito sonoro não é obviamente suficiente. Deve ser *sentido* como se fosse som por todos. Em outras palavras, ele deve ser sobrecarregado com um forte *senso* de propósito, a emoção dinâmica com uma esperança, com uma abundante, robusta, sensação de alegria no trabalho em si. Lá você verá que *fazer acontecer* pode ser difícil, mas não impossível.

Como Liderar: 8 lições para iniciantes

CHECKLIST
DEFINIÇÃO DA TAREFA

	Sim	Não
1 - Os objetivos da sua equipe estão óbvios agora e nos próximos anos/meses, e em acordo com seu líder?	☐	☐
2 - Você compreende os objetivos e propósitos mais amplos da organização?	☐	☐
3 - Você relaciona os objetivos de sua equipe com as intenções maiores e mais gerais?	☐	☐
4 - O objetivo atual da sua equipe é específico o suficiente? É definido em termos de tempo? É tão concreto ou tangível quanto possível?	☐	☐
5 - Será que a equipe será capaz de saber por si mesma se você é bem-sucedido ou não? Tem um feedback rápido dos resultados?	☐	☐
6 - No que a sua equipe está trabalhando? Liste os três critérios-chave de sucesso que serão aplicados:	☐	☐

PONTOS-CHAVE

• Considerando os Três Círculos, **definir a tarefa** é uma função vital de liderança. "Tarefa" é uma palavra geral. Tem de ser dividida em **propósito, fins** e **objetivos**.

• Os *objetivos* surgem quando o *propósito* é direcionado e aproveitado. Como líder, você deve ir para cima e para baixo — usando o modelo da Escada de Jacó (Figura 5.1) — do particular para o geral dentro do círculo de tarefas. Tal pensamento é o preliminar necessário para a *comunicação*.

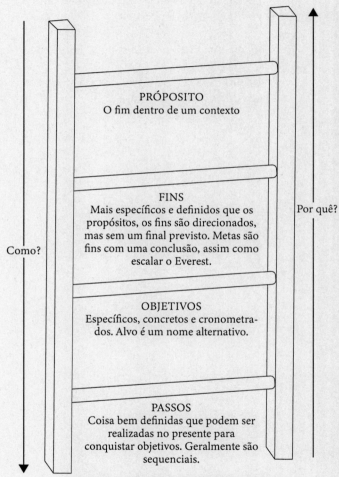

FIGURA 5.1 *COMUNICAÇÃO DO OBJETO*

- Liderança implica comunicar o *porquê*, bem como o *quê* e *como*, *quando* e *onde* e *quem* do trabalho que deve agir.
- Um bom líder é um pensador avançado. Ele está sempre pronto a responder à pergunta *por quê*, não com uma frase retrógrada — "porque

84 — Como Liderar: 8 lições para iniciantes

sempre fizemos assim" — mas com uma frase voltada para o futuro — "para alcançar este ou aquele objetivo".

- A clareza sobre a tarefa é muitas vezes difícil de alcançar. Mas é essencial adquiri-la você mesmo e depois compartilhá-la com os outros.

> *"Quando as pessoas têm uma só mente e um só coração, podem escalar o monte Tai."*
> PROVÉRBIO CHINÊS (MOUNT TAI É UMA FAMOSA MONTANHA NA PROVÍNCIA DE SHANDONG, A MAIS ALTA CONHECIDA POR CONFÚCIO.)

6. Planejamento

"Nada é particularmente difícil se o dividirmos em pequenos trabalhos."
HENRY FORD

Planejamento é a atividade de preencher mentalmente a lacuna entre o ponto onde você e o grupo estão agora e o ponto onde você quer estar em algum momento futuro em termos de realização de uma tarefa. Um plano é um método concebido para fazer algo ou alcançar um fim. Implica sempre formulação mental e às vezes representação gráfica.

A função de planejar é a resposta às necessidades do grupo: "Como vamos realizar essa tarefa?" Mas a pergunta "como" leva a "Quem faz o quê?" e "Quando tem que ser feito?". Na verdade, como planejador, você poderia memorizar a lista de verificação curta de Rudyard Kipling:

"Eu guardo seis homens honestos que servem
(Eles ensinaram-me tudo que eu sabia);
Os seus nomes são *O quê*, *Por quê* e *Quando*,
E *Como* e *Onde* e *Quem*"

Normalmente, se um plano se mostra inadequado, é porque você como líder ou o grupo (ou ambos) não se fizeram essas perguntas até ter respostas definitivas. Um plano pobre ou inadequado significa que

86 *Como Liderar: 8 lições para iniciantes*

a ação subsequente de sua equipe está condenada desde o início. Geralmente se transforma em drama, comédia ou tragédia, dependendo das circunstâncias, em três Atos: começo, confusão e sem fim. Como diz o velho ditado: "Falhe no planejamento: planeje falhar."

A Calmex, uma grande empresa de tintas, produziu um novo decapante três vezes mais rápido e eficaz que as outras marcas no mercado. Helen Robinson, a diretora de marketing e relações públicas da empresa, elaborou um plano de publicidade para apoiar o lançamento. Mas uma agência não conseguiu produzir um anúncio de TV importante a tempo. Quando Robinson reclamou, o chefe da agência conseguiu o anúncio. "Você disse que o queria 'o mais depressa possível'. Pensei que no próximo mês estaria bom."

Portanto, o planejamento é essencialmente sobre a criação de um método para fazer algo ou alcançar um fim. Um líder sem planos não é eficaz. Então, como é que se desenvolve a habilidade de planejar?

Busca de alternativas

Há uma habilidade em conjurar a partir da própria mente e do grupo um número suficiente de métodos alternativos para escolher.

A falta de tempo, obviamente, pode ser um limitador. Se você quer evitar um acidente de carro, você não tem tempo para considerar todas as alternativas viáveis: tem que selecionar a primeira coisa que passa em sua mente. Uma das primeiras perguntas que deve fazer é: "Quanto tempo tenho?"

Se necessário, teste essas restrições de tempo para ver se são *reais* e não *assumidas*. Muitas vezes temos mais tempo para planejar do que pensamos. Desde que não haja uma crise ou uma emergência e você saiba quanto tempo tem disponível, pode usá-lo para planejar com bons resultados. Mantenha um controle cuidadoso sobre o tempo, no entanto, porque ele escorre.

Outros fatores a serem considerados são os recursos disponíveis para identificar os diferentes cursos de ação ou soluções viáveis. Que *pessoas* você pode consultar? Note como bons líderes lideram quando confrontados com uma dificuldade significativa — seja um desafio operacional ou uma crise.

Eles controlam os próprios palpites ou intuições sobre o que deve ser feito. O estabelecimento dos fatos é sua prioridade absoluta, aliado à identificação dos fatores relevantes para a decisão a ser tomada. Então, ao discutir as opções que surgem a partir das realidades da situação, o líder tende a não declarar seus pensamentos prematuramente.

Um instinto treinado faz o líder eficaz sempre ouvir primeiro as ideias, apresentação de ações ou soluções propostas pela equipe. Se o tempo permitir, peça aos juniores que falem antes dos sêniores. O líder então resume o que foi apresentado, decide sobre o caminho a seguir e explica a lógica por trás de sua escolha. Tal abordagem pode ser profundamente satisfatória para todos os participantes e é provável que produza a melhor solução.

A Tabela 6.1 resume os diferentes níveis de participação do grupo na tomada de decisão, mostrando em que circunstâncias estes são úteis ou apropriados.

A equipe ou indivíduos que vão executar o plano são especialmente importantes no processo de tomada de decisão. Lembre-se desse princípio fundamental: *quanto mais as pessoas compartilham das decisões que afetam sua vida profissional, mais elas estarão motivadas a realizá-las.* Pense na estratégia adequada para envolvê-los nas linhas dos três graus de participação descritos na Tabela 6.1.

Tabela 6.1 *Partilha de decisões*

Grau de participação	Útil	Inútil
1 Você apresenta um plano provisório sujeito a alterações se outro membro do grupo apresentar um plano melhor	Quando o tempo de grupo é curto. Você tem muita experiência na área e tem certeza de que está certo.	Quando há muito tempo e o grupo é tecnicamente competente — assim como o líder. O líder só está ouvindo as sugestões, mas sem considerar aceitá-las.
2 Você apresenta o problema e recebe sugestões do grupo	Envolve muito mais o grupo do que o grau 1. Grupos podem ser mais criativos do que seus membros como indivíduos — e isso inclui o líder. ("Duas mãos são melhores do que uma.")	Pode consumir muito tempo. Principalmente se o grupo possuir conhecimento suficiente e interesse na questão.
3 Você apresenta um plano firme, para fazerem pequenos ajustes para que melhore.	Quando você sabe se está certo. E o tempo é extremamente curto.	O grupo precisa se envolver mais na discussão e na decisão de se envolver e se comprometer com a tarefa.

Nas posições mostradas na Tabela 6.1 (que você pode assumir em diferentes situações durante um único dia de trabalho), presume-se que você, como líder, tomará a decisão de fazê-lo *desta* forma e não *daquela* forma no final da primeira fase do planejamento. Deve permitir que o grupo como um todo tome a decisão alguma vez? Isso depende do que poderia ser chamado de "constituição política" — escrita ou não — do grupo ou organização, que geralmente torna essas coisas bastante claras.

Alguns dos principais tipos de situação podem ser identificados como mostrado na Tabela 6.2.

Tabela 6.2

Posição	Anotações
Você é um líder eleito, liderando o grupo que o elegeu.	O grupo inteiro talvez queira escolher um esboço alternativo de plano. Talvez espere que você decida colocar isso em votação ou teste.
Você é um líder emergente, sem autoridade formal. O grupo o enxerga como líder.	Você pode influenciar o grupo a adotar uma direção em vez de outra. Mas, se quiser permanecer como líder, vai ter que seguir a escolha do grupo, mesmo que vá contra o que você queria. A política será informal e, muitas vezes, vaga. Você e o grupo podem recorrer a precedentes durante as tomadas de decisão.
Você é apontado como líder, com uma autoridade definida.	Se, em última análise, você for responsável pelo trabalho do grupo, pode afirmar, com justiça, que tem a palavra final.

Como você verá, há algumas "áreas cinzentas" no compartilhamento da tomada de decisão com um grupo. Você pode ser dois, se não todos os três, desses tipos de líderes. O líder político em muitos países democráticos onde existe uma monarquia constitucional ou uma presidência equivalente, por exemplo, é emergente, eleito e nomeado. Mesmo que tenha autoridade para propor o próprio plano e realizá-lo, ou arbitrariamente escolher, entre as várias possibilidades apresentadas, aquela que você mais gosta pessoalmente, você pode relutar usar essa autoridade, pois quer envolver e comprometer o grupo. Mas mantenha um controle firme do processo.

Nos grupos em que todos os membros são aproximadamente iguais em termos de competência, a escolha entre alternativas pode ser debatida acaloradamente. Líderes e membros precisam ser capazes de defender um curso de ação o mais persuasivamente possível, mantendo-se abertos o suficiente para reconhecer a verdade quando ela surgir de qualquer quadrante. Tal processo pertence à essência da democracia. "Sempre que as pessoas puderem ser persuadidas em vez de ordenadas — quando puderem sentir que participaram do desenvolvimento do plano —, abordarão suas tarefas com compreensão e entusiasmo", disse Eisenhower. Ele lembrou que Churchill era um persuasor durante a fase de planejamento:

> "Na verdade, a sua habilidade no uso das palavras e da lógica foi tão grande que, em várias ocasiões em que eu e ele discordamos sobre uma questão importante — mesmo quando eu estava convencido que minha opinião era correta e quando a responsabilidade era claramente minha —, tive muita dificuldade em resistir aos seus argumentos. Mais de uma vez, ele me obrigou a reexaminar minhas próprias premissas para me convencer de que eu estava certo — ou aceitar sua solução. No entanto, se a decisão foi contra ele, ele a aceitou com boa graça, e fez tudo o que estava ao seu alcance para sustentá-la com a devida ação. A liderança por persuasão e a aceitação incondicional de uma decisão contrária são dois princípios fundamentais da democracia."

Torna-se claro que, sem liderança, qualquer forma de democracia pode ser inerte e débil.

Como diz o ditado chinês: "Mil trabalhadores, mil planos." Para chegar a um acordo e fazer algo, é preciso liderança. Quando todas as pessoas podem se sentir iguais em valor, se não em conhecimento e experiência, esse é o início da verdadeira liderança — não o seu fim. Como Montesquieu escreveu: "Sugerir onde não se pode obrigar, guiar onde não se pode exigir, essa é a forma suprema de habilidade."

Como ser mais criativo

O planejamento não parece muito criativo, não é? Todos os horários e desenhos ou diagramas digitados. Mas um plano nasce de uma ideia. Essa ideia é o germe de um método, solução ou curso. Talvez o erro mais comum seja fazer uma *suposição inconsciente* que limita o número ou o tipo de métodos. "É óbvio", anunciou recentemente aos seus colegas uma diretora de recursos humanos, "que só podemos fazer duas coisas em relação a Bill Jackson nas contas: pô-lo de lado ou torná-lo redundante. Qual vai ser?"

Os melhores líderes sempre resistiram a esse pensamento binário — preto ou branco, isto ou aquilo. Mas muitos gerentes (e acadêmicos) pensam em termos de qualquer um/ou, porque oferece uma objetividade espúria. Esta é uma etapa importante em alguns casos — por exemplo, um juiz instruindo um júri a reduzir o julgamento a uma questão — isto ou aquilo. Mas é fatal fazer isso muito rapidamente, de modo que você ignora totalmente a terceira, quarta ou quinta possibilidades, que podem ter as melhores sugestões. Por isso, deve-se certificar de que você ou o seu grupo geram opções suficientes. Como Bismarck costumava dizer aos seus generais: "Se acha que o inimigo tem apenas dois percursos abertos, pode ter certeza de que ele escolherá o terceiro!"

Foi dito que Alfred P. Sloan, o grande presidente da General Motors nos Estados Unidos, falou em uma reunião de um de seus principais comitês: "Cavalheiros, suponho que estamos todos de acordo sobre a decisão aqui." Todos à volta da mesa acenaram com a cabeça. "Então", prosseguiu Sloan, "proponho que adiemos a continuação da discussão desta questão até à nossa próxima reunião para nos darmos tempo de desenvolver desacordos e talvez ganharmos alguma compreensão sobre o que está em causa na decisão."

Na maioria das situações, as três ou quatro alternativas viáveis podem ser identificadas por observação direta, pensamento e discussão em grupo. Mas há muitas vezes uma "solução criativa", assim chamada porque está escondida até que alguém a descubra. ("Que óbvio e simples. Por que não pensamos nisso?") Se o exercício seguinte ainda não lhe for familiar, vai chamar sua atenção.

Exercício 5: Soluções criativas
1. Conecte os nove pontos com quatro linhas retas consecutivas, ou seja, sem tirar o lápis do papel.

2. Pegue seis palitos de fósforo e ponha-os numa mesa à sua frente. Agora coloque-os em um padrão de quatro triângulos equiláteros (lados iguais), sem quebrá-los. Há pelo menos duas soluções aceitáveis.
    Agora vá para a página 172 para ver as respostas.

Karl Duncker, o psicólogo que inventou o problema dos palitos de fósforo na década de 1920, fez questão de desenvolver um sistema de *fixação funcional* à medida que envelhecemos. Assim, por exemplo, vemos um martelo como sendo apenas para bater em pregos. O primeiro passo para uma maior criatividade é tentar nos libertar de tais pressupostos, por mais úteis que sejam na vida cotidiana.

Exercício 6: Flexibilidade funcional
Liste 25 usos para um martelo, além de bater em pregos ou arrancá-los. Faça isso em cinco minutos.

Você pode achar difícil pensar em novas ideias se adquiriu o hábito da crítica instantânea.

Críticas negativas dirigidas às suas próprias ideias ou às de outra pessoa as destruirão. A técnica conhecida como *brainstorming* funciona encorajando as pessoas a deliberadamente *suspenderem o julgamento* — a se absterem de críticas e a produzirem tantas ideias quanto possível. Por outro lado, se quiser sufocar o pensamento criativo, aqui estão algumas frases úteis para você:

"Isso nunca vai funcionar."
"Não me faça perder tempo com tanta porcaria."
"Já tentamos isso antes."
"Se pensou nisso, deve estar errado."

O conceito de clima de grupo é importante aqui. Alguns grupos são como uma geada branca em uma manhã de abril na Inglaterra: matam as flores de ideias que um dia podem dar frutos, como planos. A atmosfera é negativa, hipercrítica e ansiosa. Outros grupos são como as manhãs quentes de maio: positivas, encorajadoras e confiantes. A liderança é um fator-chave para transformar um grupo negativo em um grupo positivo. Uma habilidade importante é fazer perguntas principais, como mostra a Tabela 6.3.

Cada um de nós tem cerca de milhões de células cerebrais, provavelmente o recurso mais caro que sua organização contrata. A fim de garantir o melhor plano, você precisará envolver as células cerebrais da equipe, bem como as suas. Ele paga um alto dividendo em compromisso.

Círculos de Qualidade

Os Círculos de Qualidade se originaram no Japão e havia vinte círculos em 1961; em 1980 um impressionante grupo de dez milhões de trabalhadores eram membros dos Círculos. Não admira então que o Japão tenha conquistado a liderança mundial em qualidade no final da década de 1980, especialmente na produção de veículos motorizados e aparelhos elétricos. Quem teria, então, pensado, em 1945, que um dia a Toyota e a Honda iriam desafiar a Ford e a General Motors a dominarem o seu próprio mercado doméstico norte-americano?

O princípio geral dos Círculos de Qualidade é simples. Uma equipe se reúne durante cerca de uma hora por semana quando a empresa discute problemas de trabalho, investiga as suas causas e recomenda soluções. Essas soluções são então implementadas diretamente ou apresentadas à gerência para acordo sobre a ação.

Tabela 6.3 *Algumas habilidades na geração de ideias*

Perguntas/declarações	Anotações
Trazendo para dentro: "Bob, você tem experiência em várias outras indústrias, como é que resolveram esse problema?"	Atende às necessidades individuais e à tarefa
Estimulante: "Imaginem que começássemos do zero. Como faríamos?"	Cérebros são como motores de carros. Precisam ser aquecidos por ideias ultrajantes ou pensamentos com sugestões provocantes.
Com base em: "Podemos desenvolver a ideia por trás da sugestão de Mary sobre diminuir a quantidade de arquivos? Há uma maneira de aumentar nosso sistema de informação?"	Implica ver a ideia ou princípio positivo em uma sugestão e ir adiante.
Espalhando: "Podemos incluir a sugestão de Jim sobre tempo de manutenção e a questão levantada por Mary sobre segurança no plano."	Ajuda a desenvolver uma solução em grupo. Um processo criativo que une pontas soltas resulta em um todo.
Aceitando enquanto rejeita: "A proposta de Mike é interessante e ajuda, mas levaria muito tempo. Então, vamos deixar de lado por um momento."	Você reconhece a sugestão de Mike, mas rejeita seu plano de modo gentil. Ele não vai se ressentir, e pode ter uma excelente ideia na próxima vez.

Quando a Fort Dunlop, no Reino Unido, foi adquirida pela Sumitomo, a administração japonesa pediu que a força de trabalho desse ideias que economizassem dinheiro. Um funcionário júnior poupou à empresa cem mil libras por ano em pagamentos de eletricidade, sugerindo que cada luz fluorescente na enorme fábrica não precisava ser usada — uma ideia que ele tinha há anos!

ELABORAÇÃO DE UM PLANO DE CONTINGÊNCIA

A construção de um programa de trabalho e de um calendário decorre naturalmente da escolha de um método para realizar a tarefa. Dependendo da tecnologia envolvida, esse programa de trabalho pode variar enormemente em tamanho e complexidade. A única orientação geral que pode ser dada é mantê-la *o mais simples possível*. Mas há um aspecto do planejamento ao qual os líderes experientes tendem a dedicar mais atenção do que os outros — o planejamento de contingência.

Ninguém consegue fazer um plano perfeito. Não se pode prever todas as eventualidades. Uma vez que o pensamento para e a ação do comitê começa — o verdadeiro "ponto de não retorno" na tomada de decisão —, é provável que haja algumas contingências — coisas que acontecem por acaso ou por causas imprevistas que afetam o que você está fazendo.

Um bom plano fará provisões para o contingente de assuntos humanos. Um chefe de família prudente geralmente mantém um pouco de dinheiro guardado, no caso de algumas emergências. Um sábio general também mantém um corpo de reserva disponível caso o inimigo faça algo que ele não esperava. Então você deve construir certa quantidade de flexibilidade em seu plano para que não seja surpreendido por acontecimentos imprevistos (mas não improváveis).

Para repetir o ponto, um bom líder pensa à frente. Usa sua imaginação de forma disciplinada para imaginar essas contingências. A imaginação deles é como uma tela de radar mental. Uma vez que uma possível contingência tenha sido levantada, eles devem estimar as chances de que ela ocorra e fazer uma provisão em conformidade. Assim, você deve se tornar um adivinho educado. "Todo o negócio da guerra e, na verdade, todo o negócio da vida", disse o duque de Wellington a um amigo durante o jantar uma noite, "é tentar descobrir o que não se sabe através do que se faz. Foi o que chamei de 'adivinhar o que estava do outro lado da colina.'" Na linguagem das qualidades de liderança é conhecida como *previsão* — ver o que os outros não podem porque não são altos o suficiente para olhar para o alto da colina.

Como Liderar: 8 lições para iniciantes

***

Assim, como planejador, você deve desenvolver as habilidades necessárias para **compartilhar a tomada de decisões** quando for viável, bem como a **imaginação** e a **previsão criativas**. A estas devem ser acrescentados, naturalmente, os conhecimentos profissionais e as competências técnicas necessárias para o trabalho específico.

CHECKLIST:

BRIEFING

Sim Não

Como você se classificaria em cada uma das cinco habilidades de briefing? São elas: ☐ ☐

Consegue dizer qual foi o melhor discurso de briefing que já ouviu? Em uma frase, diga porque achou que fez efeito?

	Bom	Médio	Fraco
Preparando	☐	☐	☐
Esclarecendo	☐	☐	☐
Simplificando	☐	☐	☐
Vivificando	☐	☐	☐
Sendo você mesmo	☐	☐	☐

Como você pode desenvolver suas habilidades?

1.

2.

3.

Sim Não

Consegue dizer qual foi o melhor discurso de briefing que já ouviu? Em uma frase, diga porque achou que fez efeito? ☐ ☐

Sim Não

Sua organização poderia melhorar suas maneiras de comunicar informações e instruções aos responsáveis ☐ ☐ pela sua execução? Em caso afirmativo, como?

Tem mais de uma pessoa que descreveu a forma como fala com a equipe?

CLARO ☐   SIMPLES ☐   CONCISO ☐

Sim Não

Você é conhecido como um líder que escuta?   ☐ ☐

Pontos-chave

- O **planejamento** é importantíssimo em qualquer grupo de trabalho ou organização, e constitui um dos princípios básicos da liderança. Como todas as outras funções, isso pode ser feito com habilidade e eficácia — ou de forma pobre e ineficaz.
- Uma vez definida a tarefa, a primeira etapa do planejamento é procurar alternativas. Na maioria das vezes, isso é mais bem-feito em consulta com outros. É importante não só permanecer aberto, mas também encorajar ativamente novas ideias ou possibilidades.
- Você deve se tornar um **pensador criativo** e aprender a estimular ideias criativas ou inovadoras no grupo e em cada indivíduo.
- Nenhum plano, por mais original que seja, é perfeito. Na verdade, a experiência tende a nos ensinar que qualquer plano — mesmo sendo um bom plano — tenderá a sair dos trilhos. Não é sensato planejar projetos em cenários "otimistas". Deve haver tolerâncias ou estratégias.

Glitches — problemas inesperados ou avarias — ocorrerão. Assim, o líder com sabedoria prática age no conhecimento de que há uma série de coisas que podem dar errado. Nem todas estas possibilidades podem ser previstas. Planeje sempre as contingências previsíveis.

- Se você for flexível, pode ajustar o plano para quaisquer novos fatores na situação, à medida que surgirem. Como um general francês uma vez disse: "Um plano é uma boa base para mudar de ideia."

"Aventura é apenas um mau planejamento."

ROALD AMUNDSEN, EXPLORADOR DO ÁRTICO, PRIMEIRO

HOMEM A CHEGAR AO POLO NORTE

7. BRIEFING

"Saber como fazer é simples, a dificuldade é fazer."

PROVÉRBIO CHINÊS

Os pilotos e a tripulação se embaralham nas suas cadeiras e falam entre si. No exterior, a chuva bate na grande cabana Nissen, que serve de sala de conferências. Às dez da manhã, o ajudante chama imediatamente a atenção da sala e o general Savage avança e toma a sua posição no centro da plataforma baixa, com os pés afastados e de frente para o público. "Haverá uma missão de treino esta manhã. Isso mesmo... prática. As nossas fotografias mostram que não temos atingido o alvo ultimamente."

Esta é uma cena do filme *Almas em Chamas* (1949) sobre a Segunda Guerra Mundial, com Gregory Peck, sobre o primeiro encontro do 918 Bomb Group convocado por seu novo comandante. É um filme que conheço excepcionalmente bem, pois serviu de estudo de caso nos cursos originais de liderança funcional de dois dias ou cursos de liderança centrados na ação em que fui pioneiro. Continua a ser o longa-metragem que melhor ilustra a natureza e a prática da liderança, especialmente no contexto militar.

Tais sessões de *briefing* são realizadas em todos os tipos de organizações, embora sem o drama de uma situação de guerra. Neles, o líder está desempenhando uma função básica de liderança — *informando a equipe.* Ele está informando ou instruindo com cautela e antecedência — com antecedência, ou seja, da ação que lhes é exigida.

E, por extensão mais ampla, o *briefing* abrange todas as situações em que você aborda a equipe ou um membro individual em seu papel de líder. Por isso, às vezes pode ser bastante informal e conversador.

O *conteúdo* de uma reunião de *briefing* no sentido formal — equipe reunida — é o resultado da realização de duas funções anteriores: definição da tarefa e planejamento. Depois de declarar os objetivos e o porquê de serem importantes, você tem que descrever o plano — um esboço primeiro e depois em maior detalhe (embora esta segunda atividade possa ser delegada a um subordinado ou colega, como faz o general Savage no filme). É essencial que se responda à pergunta que estará na mente de todos: "Qual vai ser a minha parte?" Então, faça a si mesmo, antes e depois de uma reunião de *briefing,* perguntas como:

- Todos sabem o que devem fazer?
- Cada membro do grupo possui metas e padrões de desempenho acordados entre mim e eles?

O principal objetivo de uma reunião de informação é atribuir tarefas a grupos e indivíduos, distribuir recursos e estabelecer ou verificar padrões de desempenho. No final, cada pessoa deve saber o que se espera dela e como a contribuição de seu subgrupo ou de seus esforços se encaixará no trabalho proposital de todos os outros.

Novamente, apenas para enfatizar o ponto, o *briefing* nesse sentido mais amplo é uma função contínua. Você não faz isso apenas uma vez no início de um projeto e depois esquece.

FALAR COM EFICÁCIA

Uma consideração do método do líder nos leva à sua necessidade de desenvolver suas habilidades de comunicação. Aqui, a capacidade específica de falar eficazmente com a sua equipe e com outros grupos será importante para o seu progresso. Como fazer isso?

Para começar com a boa notícia: você não precisa se tornar um grande orador. Não se preocupe com os truques da retórica, com as técnicas ensinadas a fazer demagogia na antiga Atenas. O único teste é se você pode ou não falar de tal forma que *mova o grupo na ação desejada*. Demóstenes disse a um orador rival: "Você faz o público dizer: 'Como ele fala bem!' Faço-os dizer: 'Vamos marchar contra Filipe!'"

SETE DICAS PARA SE TORNAR UM BOM ORADOR

1. Examine o verdadeiro propósito de cada comunicação. Sempre se pergunte o que você realmente quer realizar com a sua mensagem.

2. Esteja atento aos tons, enquanto você se comunica, bem como ao conteúdo básico da sua mensagem.

3. Quando se trata de conteúdo, tenha em mente o valor duradouro da verdade em qualquer comunicação humana. Como diz um provérbio etíope: "Sobre a verdade, *há luz*."

4. Considere o cenário físico e humano total sempre que se comunicar. Verifique o seu sentido de *oportunidade* e a situação. Há um tempo e um lugar para tudo.

5. Aproveite a oportunidade, quando ela surgir, para transmitir algo de ajuda ou valor ao receptor.

6. Certifique-se de que as suas ações apoiam a sua comunicação. As palavras devem interpretar o que é feito e a ação deve acompanhá-las. Eventualmente, as nossas palavras devem se tornar atos e os nossos atos vão dizer tudo.

7. Procure não só ser compreendido, mas também compreender — seja um bom ouvinte.

Um elemento de persuasão, no sentido de explicar o porquê de uma forma convincente, entrará na maioria das reuniões de *briefing* ou de comunicação. Mas isso acontecerá mais naturalmente se você dominar as habilidades de fala ou de *briefing*. Podemos identificar cinco conjuntos de habilidades envolvidas na comunicação eficaz com a ação em mente.

102   *Como Liderar: 8 lições para iniciantes*

Estas competências são apresentadas na Tabela 7.1, juntamente com alguns exemplos de como fazê-lo.

SEJA CLARO

A clareza é o princípio fundamental do poder ou da eficácia, tanto na fala como na escrita. Portanto, uma boa comunicação começa na mente. O poeta Nicolas Boileau expressou esta verdade em 1674:

> "O que é bem concebido é expresso claramente,
> E as palavras para dizê-lo surgirão com facilidade."

Questões de pensamento claro numa expressão clara: se os seus pensamentos ou ideias forem confusos, vagos ou difusos, então serão menos compreendidos ou percebidos.

Assim, a aplicação desse princípio começa muito longe da sala de reuniões ou do escritório executivo, na luta para conseguir clareza no clima incerto da mente. Isso implica dominar as habilidades intelectuais de analisar, sintetizar e valorizar.

No entanto, não se deve supor que o que é *claro* é automaticamente *verdadeiro*. Alguém disse uma vez que a cabeça de George Bernard Shaw continha uma confusão de ideias claras. Seja como for, a verdade nem sempre vem purificada e translúcida, e "tudo o que reluz não é ouro".

A clareza é um valor mercenário: serve bem a quem está disposto a pagar o preço por ela. Esse preço inclui a vontade de sofrer a confusão e a ambiguidade diante das nuvens, e a poeira assenta, e a questão, problema ou curso de ação se torna cristalina. Se for uma questão de comunicação com os outros, a combinação de verdade e clareza é extremamente irresistível, a longo prazo.

A MINHA PRIMEIRA AULA DE MESTRE

Um dos mestres do nosso tempo na aplicação do princípio de ser claro foi o marechal de campo Montgomery. Os seus *briefings* de guerra se tornaram lendas para aqueles que o ouviram.

Quando criança, na St. Paul's School, ouvi o ex-aluno lorde Montgomery contar sobre quando visitou sua antiga escola para descrever seus planos para o Dia D. Ele falou no mesmo edifício que foi usado durante a Segunda Guerra Mundial como Sede dos Aliados — na verdade, na mesma sala de conferências que ele e outros generais usaram para as suas apresentações finais ao rei George VI e Churchill. Por isso, não foi difícil para mim, um rapaz de 16 anos, captar a "atmosfera", como Montgomery gostava de chamar.

Acima de tudo, a sua claridade refrescante persiste. O brigadeiro me enfatizou isso no seguinte relato no trabalho em *Montgomery*, de Ronald Lewin, *como Comandante Militar* (1971):

> "Ele poderia descrever uma situação complexa com uma lucidez surpreendente e resumir um longo exercício sem o uso de uma única nota. Olhou diretamente para os olhos do público quando falou. Ele tinha um talento notável para escolher a essência de um problema e para indicar a sua solução com uma clareza surpreendente. Era quase impossível interpretar mal o seu significado, por mais desagradável que fosse."

Briefing e trabalho de grupo

Sessões de *briefing* ou conferências — reuniões de trabalho — permitem que você faça algum trabalho valioso em todos os modelos dos Três Círculos, marcando pontos gerais relacionados com o assunto específico em questão. Na área de tarefas, por exemplo, você pode torná-la a ocasião (como o general Savage fez) para assumir o comando. Um certo grau de assertividade é muitas vezes exigido dos líderes e o grupo irá aceitá-la — até mesmo acolhê-la — se a situação assim exigir. Você pode enfatizar a abordagem de *equipe* para a tarefa em mãos, assim construindo um espírito de equipe. Pode atender às necessidades *individuais* ouvindo e reconhecendo a ajuda daqueles que o ajudam a alcançar os objetivos da reunião. Também pode ser uma oportunidade para enfatizar a importância da contribuição de cada indivíduo para o sucesso da empresa.

O general Savage no filme usava o meio do *briefing* — feito para informar e instruir — para transmitir ou compartilhar sua visão, seus padrões ou valores.

Como Liderar: 8 lições para iniciantes

Tabela 7.1 *Competências do Briefing*

Habilidade	Definido	Como você pode fazer isso
Preparando	Habilidade de pensar à frente e planejar sua comunicação	Dar um começo, meio e fim à sua conversa. Prepare bons auxílios visuais, mas não muitos. Organize a sala com antecedência.
Esclarecendo	Habilidade de ser claro e compreensível.	Desvendar as dificuldades da sua mente primeiro. Evite maneiras obscuras de dizer as coisas.
Simplificando	Habilidade de lidar com assuntos complexos com simplicidade.	Relacionar o desconhecido com o conhecido utilizando analogias conhecidas. Evite terminologia complicada. Forneça uma síntese ou uma estrutura hierárquica primeiro. Resuma.
Vivificando	Capacidade de fazer um assunto ganhar vida.	Utilize métodos ou linguagem vívida, até mesmo truques. Seja um entusiasta e procure passar isso para o grupo. Seja bem humorado, se possível.
Sendo você mesmo	Habilidade de respirar fundo e se comportar com naturalidade na frente dos outros.	Respire fundo. Elimine tiques nervosos. Trate-se bem.

Um pequeno curso sobre liderança

As três palavras mais importantes: "Admito que errei."
As quatro palavras mais importantes: "Estou orgulhoso de ti."
As quatro palavras mais importantes: "Qual é sua opinião?"
As duas palavras mais importantes: "Por favor."
As duas palavras mais importantes: "Muito obrigado."
A palavra mais importante: "Nós".
E a palavra menos importante: "Eu".

Talvez a palavra mais associada à liderança na mente das pessoas seja **comunicação**. Um bom líder comunica. Mas é importante que você seja mais específico do que isso. Nesse capítulo, analisamos a função do *briefing*. Essa atividade aparentemente simples exige uma série de competências que podem ser desenvolvidas.

No primeiro nível de liderança você deve se esforçar para se tornar competente em informar seu grupo sobre objetivos e planos. No nível mais sênior, um dia você pode ter que informar a organização, uma tarefa muito mais exigente.

Em todos os níveis, há indivíduos que precisam ser informados em linguagem clara e simples. Tais ocasiões — equipe, organizacional ou individual — não devem ser vistas apenas em termos da tarefa. São também oportunidades para você criar a **atmosfera** certa, promover o **trabalho em equipe** e conhecer, incentivar e motivar cada pessoa **individualmente**.

106   *Como Liderar: 8 lições para iniciantes*

CHECKLIST:

BRIEFING

Sim Não

Como você se classificaria em cada uma das cinco habilidades de briefing? São elas: ☐ ☐

Consegue dizer qual foi o melhor discurso de briefing que já
ouviu? Em uma frase, diga porque achou que fez efeito?

	Bom	Médio	Fraco
Preparando	☐	☐	☐
Esclarecendo	☐	☐	☐
Simplificando	☐	☐	☐
Vivificando	☐	☐	☐
Sendo você mesmo	☐	☐	☐

Como você pode desenvolver suas habilidades?

1.

2.

3.

Sim Não

Consegue dizer qual foi o melhor discurso de briefing que
já ouviu? Em uma frase, diga porque achou que fez efeito? ☐ ☐

Sim Não

Sua organização poderia melhorar suas maneiras de
comunicar informações e instruções aos responsáveis ☐ ☐
pela sua execução? Em caso afirmativo, como?

Tem mais de uma pessoa que descreveu a forma como fala com a
equipe?

CLARO ☐   SIMPLES ☐   CONCISO ☐

Sim Não

Você é conhecido como um líder que escuta? ☐ ☐

Pontos-chave

- Seu primeiro objetivo como líder é tornar a tarefa verdadeiramente comum, comunicando-a ou compartilhando-a, ou seja, presumindo que você recebeu um objetivo definido por seu superior que o grupo não conhece. Mas isso é apenas um tipo de situação, relativamente simples. *Briefing* — comunicação de duas vias — atravessa todo o seu trabalho como líder.

- Você não precisa ser um orador! O que caracteriza sua conversa como líder é ser CLARO. E não será claro no discurso se não for na mente.

- A vida e o trabalho são complexos. Seu trabalho como líder é tornar o complexo SIMPLES o suficiente para que uma ação eficaz possa ser feita. Não seja, no entanto, excessivamente simplista. E não tente complicar as coisas.

- Um líder silencioso, inarticulado ou mesmo lacônico é uma contradição. Você não pode desempenhar qualquer função de liderança sem palavras instrumentais. Mas não se deixe levar por muito tempo! Não comece a gostar do som da sua própria voz! Seja CONCISO.

- Toda a comunicação é recíproca, porque, como pessoas, somos recíprocos. Você pode nunca se tornar um grande orador, mas pode se tornar um grande ouvinte. O mundo precisa de líderes que escutem.

> *"Falai bem, e com a menor quantidade de palavras possível, mas sempre com clareza; porque a palavra não é para ostentar, mas para se compreender.*
>
> William Penn, fundador da Pensilvânia

8. CONTROLAR

"Entre a ideia
E a realidade
Entre o movimento
E o ato
Cai a Sombra"
T.S. ELIOT, "THE HOLLOW MEN" (1925)

Fazer acontecer é fundamental para uma liderança eficaz. Não basta definir seu objetivo ou fazer um plano viável. Muitas vezes surge uma sombra entre a intenção, ou o plano e o que realmente acontece — ou não acontece, conforme o caso.

Como líder, você deve acompanhar. Uma vez iniciado o trabalho, é preciso supervisioná-lo para que chegue a uma conclusão bem-sucedida. Isso exige as habilidades que agrupei sob a função de *controlar*. (O Exército Britânico chama de *execução*.)

"Ninguém sentirá falta deste saco de ouro se eu o puser debaixo da mesa. Na conta, vou pô-lo como despesas de viagem." Na Idade Média, os servos reais nos vários departamentos do Estado não estavam isentos de tentarem se dar bem. Por isso, era necessário supervisionar suas contas de pagamentos e receitas, mantendo um rolo duplicado. Então, era possível verificar pagamentos *contra rotulus*, quando comparados os rolos.

110   *Como Liderar: 8 lições para iniciantes*

Uma contração desta frase latina medieval nos deu nossa palavra moderna, *controle*. No seu sentido mais amplo, "controlar" significa verificar e dirigir a ação depois de o trabalho começar a implementar o plano. Nesse contexto, a função primária do controle inclui também a codivulgação dos esforços da equipe e a **harmonização** das relações à medida que o trabalho avança.

No início, você tem que estabelecer que está no comando. Então, deve manter esse controle. E repito: isso não significa que você fará todo o trabalho de liderança. Mas, na sua ânsia de ajudar, há sempre o perigo de um subgrupo ou um membro individual assumir o controle que é seu. Tais especialistas ou indivíduos fortes podem tentar isso, mas você deve manter as rédeas firmes em suas mãos. Por mais quieto que seja por natureza, você não deve permitir que dominem você ou o grupo. É necessária uma autoafirmação corajosa. A timidez está fora de questão. É fatal para a autoridade se você der instruções (como ordens, sugestões ou perguntas) e agir como um menino pequeno que joga uma pedra e foge.

Uma vez iniciado o trabalho, é de vital importância que você *controle* e *coordene* o que está sendo feito, para que a energia de todos esteja girando e fazendo as coisas acontecerem — ou a maior parte da energia do grupo de qualquer maneira, pois os seres humanos são tão ineficientes quanto velhas máquinas a vapor cujo vapor está sempre escapando de alguma forma. Mas *a maior parte* dessa sinergia ou energia comum do grupo deve ser utilizada na implementação do plano comum e na produção dos resultados desejados.

UMA SENSAÇÃO DE PARCERIA

"Fiz dos soldados meus parceiros de batalha. Sempre lhes disse o que ia fazer e o que queria que fizessem. Acho que sentiram que importavam, que pertenciam a algo."

MARECHAL DE CAMPO MONTGOMERY

Como fazer isso? O segredo do controle é ter uma ideia clara em sua mente do que deveria estar acontecendo, quando deveria ocorrer, quem deveria estar fazendo isso e como deveria ser feito. Quanto mais efetivamente você tiver envolvido o grupo no seu planejamento, mais provável é que eles também tenham uma imagem clara e semelhante do que é necessário. O ideal é que a equipe ou o indivíduo com quem você está lidando se torne autocontrolador, de modo a regular o próprio desempenho contra padrões ou contra o relógio. "Só nos restam duas horas, e teremos de trabalhar mais arduamente para conseguir cumprir o prazo." O seu objetivo como líder é intervir o menos possível.

"Um líder é o melhor
Quando as pessoas mal sabem que ele existe.
Não é tão bom quando as pessoas o obedecem e aclamam,
Pior quando o desprezam.
'Ao falhar em honrar as pessoas,
Elas não o honram';
Mas de um bom líder, que fala pouco
Quando a tarefa é feita, o objetivo é cumprido,
Todos dirão: 'Fomos nós que fizemos isto.'"

LAO-TZU, SÉCULO VI A.C.

O seu objetivo, portanto, ao dirigir, regular e restringir é assegurar que o trabalho do grupo se mantenha dentro dos limites ou no rumo. Esse é o único critério da sua eficácia como controlador. Você supervisiona, o que significa que deve ser capaz de olhar para todo o quadro. Se surgirem obstáculos ou dificuldades no caminho do curso adotado, você estará em uma boa posição para ajudar o grupo.

A posição de um controlador é estar onde a ação está, observando em vez de fazer. Se assistir a um bom líder na fase de execução de um exercício ou projeto, verá que os olhos dele nunca estão parados. O padrão de habilidade aqui é: **olhar**, **pensar** e **intervir** apenas quando estritamente necessário e com o mínimo exercício de poder.

112   *Como Liderar: 8 lições para iniciantes*

Obviamente, se um padrão de segurança está sendo ignorado e alguém corre o risco de perder a vida ou um membro, seus processos de pensamento serão instantâneos. Mas muito do que você vai encontrar estará abaixo do padrão ou do desempenho (especialmente se for um perfeccionista). Você terá que fazer um julgamento sobre se deve ou não intervir imediatamente ou conversar mais tarde.

Fazendo acontecer

Na Segunda Guerra Mundial, o líder da Grã-Bretanha, Winston Churchill, estava constantemente estimulando seus colegas para maiores esforços, bem como a nação com seus discursos inspiradores. Ninguém que trabalhasse perto dele ou ao seu alcance tinha trabalhos fáceis.

"Não sou um daqueles que precisam ser estimulados", disse ele. "Na verdade, no caso, eu sou o estimulador."

Se você decidir pela intervenção, o ideal é usar o mínimo de força possível. Se imaginar que você está no controle de um iate durante uma corrida, normalmente não tem que forçar o leme ou lançá-lo em torno da tripulação com um gancho de barco. Para que o grupo possa retomar o rumo acordado, talvez você precise apenas tocar no controle — uma palavra tranquila ou até mesmo um olhar pode servir. Como dizem os árabes: "Quem não compreende um olhar não pode compreender longas explicações." O curso pessoal dirigido pelo líder deve levá-lo entre as duas rochas pretas de *muita interferência* e *falta de direção*. Muitos líderes naufragaram nesses estreitos.

O líder como primeiro companheiro

John Hunt, agora lorde Hunt, liderou a expedição britânica que escalou pela primeira vez o Everest, em 1953. Estas palavras são de uma palestra que proferiu em 1959, intitulada "Liderança na Idade Moderna":

"Em primeiro lugar, darei a minha definição de liderança, tal como aplicada a alguém a quem são confiadas outras pessoas. Para mim, liderança é melhor descrita como a arte de inspirar os outros a dar o seu melhor e a coragem de usar essa arte. É isso que a liderança significa para mim: exige que o líder opere do interior do seu grupo, não a partir de cima; que, ao dar o exemplo, não roube a iniciativa dos outros. Por outras palavras, que assuma toda a sua parte do trabalho — mas não mais do que ela. Isso implica uma vontade não apenas de descentralizar, ou repartir o fardo, mas uma capacidade de persuadir cada membro do grupo de que seu trabalho é igualmente essencial, e que cada um tem sua própria liberdade, bem como a responsabilidade de desenvolver a parte como um todo.

"A boa liderança resulta de uma atitude correta em relação à tarefa de liderar; que é apenas uma das tarefas. Um líder foi bem descrito como um 'primeiro companheiro'. Depois, naturalmente, é a arte de misturar os esforços de todos os envolvidos para produzir um resultado combinado."

Se o plano estiver indo bem e o grupo for composto de pessoas disciplinadas, você pode até ter tempo de ajudar um indivíduo ou um subgrupo com sua parte da tarefa. Se quer que todos trabalhem duro, não deve dar a impressão de que você está sem nada para fazer. No entanto, deve sempre permanecer em tal posição, para que possa retomar o controle se as coisas começarem a dar errado.

Alguns líderes cometem o erro de se envolverem tanto num trabalho que se esquecem da sua responsabilidade pelo todo. Você não vê a floresta inteira se está ocupado cortando uma árvore — o que seu lenhador poderia fazer melhor do que você se ao menos ele pudesse colocar *as mãos no* machado! Dar um exemplo de trabalho árduo é sempre uma boa ideia, desde que não prejudique a sua função de diretor e controlador.

CONTROLAR UMA REUNIÃO

Assumir a presidência em comissões e reuniões é um papel de liderança. Portanto, o modelo dos Três Círculos se aplica. A tomada de decisões

114   *Como Liderar: 8 lições para iniciantes*

também é essencial, porque é geralmente delas que se fazem reuniões e comitês. Consequentemente, há pouco a ser adicionado sobre o trabalho do assessor, desde que você tenha compreendido os elementos da boa liderança. O que mais importa então é observar e aprender com os assessores experientes no trabalho. São pessoas raras, e você não deve perder a oportunidade de observar de perto como conduzem uma reunião para que as tarefas sejam realizadas, o grupo trabalhe em equipe e cada indivíduo contribua efetivamente de acordo com seus talentos.

Há algumas funções de liderança necessárias mais frequentemente nas reuniões. A habilidade de silenciar as pessoas de uma forma firme, mas amigável, tem de ser desenvolvida. A habilidade de testar o consenso também é vital. Um bom presidente vai sentir essa área de consenso, que é um pouco como o centro invisível sempre em movimento de um cardume de peixes. Sua habilidade de ler comportamento não verbal — uma sobrancelha levantada, um meio sorriso, um aceno vigoroso — pode ser significativa. Se você assistir a um bom líder na presidência, notará que ele está sempre de olho nos rostos dos membros do comitê. Por último, a habilidade de resumir pode ter que ser empregada mais de uma vez durante uma reunião. É um meio de tomar rolamentos, para garantir que o navio mantenha o prumo.

O *verdadeiro consenso* nem sempre é possível, mesmo que seja desejável, porque pode consumir muito tempo. Ocorre quando a comunicação é suficientemente aberta para que todos sintam que tiveram uma oportunidade justa de influenciar a decisão e o "sentimento da reunião" emerge sem votar.

Verdadeiro consenso

Quando as alternativas tiverem sido amplamente debatidas pelo grupo e todos estiverem dispostos a aceitar que, nessas circunstâncias, uma solução específica é o melhor caminho a seguir, mesmo que não seja a solução preferida de todas as pessoas.

O teste mais importante é que todos estão preparados para agir como se fosse a sua solução preferida.

AUTOCONTROLE

Se você não consegue se controlar, é improvável que consiga controlar os outros. Tomemos o gênio difícil como exemplo. Uma explosão ocasional de raiva não faz mal se a provocação for evidente e tratável. Os líderes tendem a não ser plácidos, e a raiva justificada é importante. Seu pessoal deve ser cauteloso ao ficar do lado errado por ser intencionalmente ineficiente ou ineficaz. Mas o gênio difícil é uma questão muito diferente. Está longe de ser uma fraqueza inofensiva, uma mera questão de temperamento. Se você é facilmente irritável, com uma personalidade quase bipolar, as pessoas vão presumir que seja falta de paciência, bondade, cortesia ou altruísmo.

Lembre-se, no entanto, de que todas as suas fraquezas são apenas tendências a agir de uma certa maneira. Elas não garantem que você o fará. Centenas de líderes conseguiram conter com sucesso as suas personalidades, aproveitando a energia libertada em vez de "explodir". "Líderes", disse Paulo de Tarso, "não devem ser 'facilmente provocados'."

Há muitos outros aspectos que convidam ao autocontrole. Apenas controlar a sua língua — esse membro indisciplinado — pode ser um trabalho formidável. O fato encorajador é que cada uma dessas pequenas vitórias torna o próximo encontro um pouco mais fácil. Como Shakespeare escreveu em *Hamlet*:

> "Refresquem-se esta noite,
> E isso dará uma espécie de facilidade
> Para a próxima abstinência, será mais fácil;
> Porque o uso quase pode mudar o carimbo da natureza."

CALMO, FRESCO E RETIDO

Existem algumas situações que convidam ao medo ou à ansiedade. Todos devem estar cientes de que o medo é contagioso. Um animal pode cheirar ou sentir se tem ou não medo de algo, assim como as pessoas. Você só tem que se lembrar de como o pânico pode de repente agarrar uma

116   *Como Liderar: 8 lições para iniciantes*

multidão sem que uma palavra seja dita. Mas a coragem — o recurso em nós que nos permite conter ou superar o medo — também é contagiosa.

Sendo humano, você terá tanto medo e ansiedade quanto qualquer outra pessoa no grupo. Mas o medo paralisa. Se quer que o grupo continue trabalhando, então o medo deve ser neutralizado. Se conseguir se acalmar, permanecendo imóvel no centro da tempestade, essa calma será irradiada para os outros. "Se conseguir manter a cabeça no lugar quando quem o rodeia perde a própria e o culpa", como escreveu Kipling. Se puder fazer isso, então as pessoas se acalmarão e começarão a pensar e trabalhar construtivamente.

Às vezes, o aparecimento de um líder calmo pode mudar a situação. Em seu romance *Typhoon and Other Stories*, Joseph Conrad descreve graficamente o alívio de um imediato durante um temporal severo: "Jukes estava acriticamente feliz por ter o seu capitão ao lado. Isso o aliviou como se aquele homem tivesse, simplesmente, vindo ao convés e tomado a maior parte do peso do vendaval sobre seus ombros. Tal é o prestígio, o privilégio e o fardo do comando." Compare com o provérbio árabe: "Um capitão assustado deixa uma tripulação assustada."

No seu gabinete, quando era primeiro-ministro do Reino Unido, Harold Macmillan tinha à sua frente uma placa com esta frase na sua própria caligrafia: "Uma deliberação calma e tranquila desenterra todos os nós." Essa é uma boa regra prática para um líder.

A história militar nos dá alguns exemplos vivos de grande liderança. Penso no general Robert E. Lee em Gettysburg quando soube que a batalha estava perdida. Como escreveu um oficial ao lado dele, naquela hora escura: "O seu rosto não mostrou a menor decepção, cuidado ou aborrecimento, e ele se dirigiu a cada soldado que encontrou com palavras de encorajamento. 'Tudo acabará bem no final, falaremos sobre isso depois.' E a um comandante de brigada falando furiosamente das pesadas perdas dos seus homens, ele falou: 'Esquece, general, tudo isso foi culpa minha. Fui eu que perdi a luta, e você deve me ajudar da melhor maneira que puder.'"

O meu exemplo favorito vem da desastrosa campanha russa de Napoleão. Na retirada de Moscou naquele terrível inverno de 1812, o imperador confiou o comando da retaguarda — o posto mais perigoso de todos — ao marechal Ney. A certa altura, a retaguarda se encontrou sob ataque constante das forças russas. Eles sofreram perdas pesadas, estavam famintos, sem munições e congelados. De acordo com o coronel de Fezensac, ajudante de campo do marechal, a sua posição parecia perdida:

"Mas a presença do marechal Ney foi suficiente para nos tranquilizar. Sem saber o que ele pretendia ou o que podia fazer, sabíamos que ele faria algo. A sua confiança em si mesmo era igual à sua coragem. Quanto maior o perigo, mais rápida era a sua resolução, e uma vez que ele tinha decidido sobre o caminho a seguir, nunca duvidava do sucesso. Assim, mesmo num momento como aquele, o seu rosto não apresentava sinais de indecisão ou ansiedade. Todos o olharam, mas ninguém se atreveu a questioná-lo. Finalmente, vendo um dos seus funcionários perto dele, o xerife disse em voz baixa:

— Não está bom para nós.

— O que vai fazer? — respondeu o agente.

— Vá para o outro lado do Dnieper.

— Onde está o caminho?

— Vamos descobrir.

— Mas e se não estiver congelado?

— Vai estar."

Quando chegaram ao Dnieper, os soldados franceses conseguiram atravessar o rio congelado, mas o gelo não era suficientemente espesso para suportar o peso do seu comboio de canhões. Um dos subalternos de Ney caiu no gelo e o próprio Ney se ajoelhou para resgatá-lo. Na linguagem deste livro, apesar do imenso peso de suas responsabilidades na *tarefa* e na *equipe*, Ney encontrou tempo para a necessidade de um *indivíduo*. Quando Napoleão mais tarde ouviu falar das façanhas de Ney no retiro de Moscou, ele comentou: "Ney é o mais corajoso dentre os valentes."

CHECKLIST:
CONTROLANDO

	Sim	Não

Você mantém um equilíbrio entre controlar e dar ao grupo muita liberdade para fazer o que lhe apetece? ☐ ☐

Você consegue coordenar o processo do trabalho, juntando várias partes em uma ação comum e harmoniosa, mantendo uma boa relação com os outros? ☐ ☐

Nas ocasiões em que você está diretamente envolvido com o trabalho "técnico", toma providências para que os requisitos da equipe e as necessidades específicas de seus membros não sejam ignorados ou negligenciados? ☐ ☐

Quais foram as três características do presidente mais eficaz em reuniões que você já participou?

1. _____
2. _____
3. _____

Quando você está "na presidência", as reuniões duram mais do que o tempo previsto para elas?

Nunca ☐   Às vezes ☐   Sempre ☐

A organização para a qual você trabalha é notada pelos clientes por causa de seus sistemas de controle nas seguintes áreas:

Qualidade do produto/serviço ☐
Entrega ☐
Custos baixos ☐
Segurança ☐

	Sim	Não

Acima de tudo, você tem a reputação de "botar a mão na massa", um líder que faz as coisas acontecerem apesar das dificuldades? ☐ ☐

PONTOS-CHAVE

- A função de **controle** implica a verificação em relação às normas e à orientação do curso dos trabalhos para uma conclusão bem-sucedida. **Coordena**ção e **harmonização** implicam que o líder está observando a equipe no trabalho, pronto para intervir construtivamente se a necessidade surgir e garantir que a equipe trabalhe no seu melhor.

- Isso não significa que o líder não deve ter trabalho ou nunca ajudar. Ele é o responsável por todo o esforço da equipe, e este esforço deve vir em primeiro lugar. Se o líder tiver desempenhado bem as funções anteriores e treinado bem a equipe, ela vai **controlar a si própria**.

- As reuniões, em particular, exigem um controle qualificado por parte do presidente. Lembre-se de que o modelo dos Três Círculos se aplica a todas as reuniões de trabalho — então, ponha-o em prática.

- O poder da presença física do líder é importante quando as coisas vão mal ou quando há o perigo de isso acontecer e tudo desmoronar. Nesse caso, é necessário um clima positivo. Seu espírito — sua calma — se comunicará com o grupo. Você pode inspirar confiança. Tome a sua decisão e informe o grupo sobre o que deve ser feito. Lembre-se de que, em tais situações de crise, quase todas as decisões são melhores do que nenhuma.

- Lembre-se, nas palavras de um provérbio irlandês: "Não há força até que haja uma operação conjunta."

- É inútil tentar controlar os outros se você não consegue controlar a si mesmo. "Na gestão dos assuntos humanos", disse Lao-Tzu, "não há melhor regra do que a estratificação de si próprio". Isso implica não só coisas como controlar o seu uso do tempo, mas também gerir as suas emoções para que elas não assumam o controle. Medo ou ansiedade, raiva ou impaciência: estes são os seus inquilinos indisciplinados que devem ser mantidos sob controle.

> *"Deve haver um começo de qualquer grande questão, mas a continuação até o fim, até que esteja terminada, produz a verdadeira glória."*
>
> Sir Francis Drake

9. Motivação

"Se conheceres a natureza da água, é mais fácil remar."

PROVÉRBIO CHINÊS

Como líder, você deve ser capaz de fazer com que o grupo e seus membros individuais se movam — ou mantê-los se movendo — na direção desejada. Essa habilidade geral de mover e incitar as pessoas é chamada de *motivação*. Os temas da sua atividade motivadora serão a equipe e o indivíduo. Por extensão, especialmente se ou quando você se tornar um líder estratégico, ela virá a incluir a *organização* também.

Várias teorias de motivação, baseadas em grande parte nas contribuições de Maslow, começaram a influenciar a indústria e a gestão no final dos anos 1950. Em *Os aspectos humanos da empresa* (1960), Douglas McGregor apontou que os gestores muitas vezes operavam sob um dos dois conjuntos de hipóteses explícitas ou implícitas contrastantes sobre as pessoas, que ele chamou de Teoria X e Teoria Y, descritas na Tabela 9.1.

McGregor ressaltou que o que acreditamos sobre uma pessoa pode ajudar essa pessoa a se comportar dessa maneira (a "profecia autorrealizadora"). Se disser a alguém que ele está ocioso, por exemplo, ele tende a viver de acordo com a sua predição. Se você tem uma grande consideração por alguém, embora isso não seja estritamente justificado por fatos, esse alguém pode muito bem subir para atender às suas expectativas.

Como Liderar: 8 lições para iniciantes

Tabela 9.1 *Pressupostos sobre o homem*

Teoria X	Teoria Y
O homem não gosta de trabalho e irá evitá-lo.	O trabalho é necessário para o crescimento psicológico do homem. O homem quer estar interessado no seu trabalho e, nas condições certas, pode apreciá-lo.
O homem deve ser forçado ou subornado para fazer o certo.	O homem vai se dirigir para um alvo aceito.
O homem iria preferir ser dirigido a aceitar a responsabilidade, que ele evita.	O homem vai procurar, e aceitar, a responsabilidade sob certas circunstâncias. A disciplina que um homem impõe a si mesmo é mais eficaz, e ele pode ser mais severo do que qualquer outro.
O homem é motivado, principalmente, pelo dinheiro. O homem é motivado por temer sua segurança.	Nas condições certas, o homem é motivado pelo desejo de alcançar seu próprio potencial.
A maioria das pessoas é pouco criativa – exceto quando se trata de obter regras de gerenciamento inteiras!	Criatividade e ingenuidade são amplamente distribuídas e grosseiramente subutilizadas.

Os líderes naturais sempre agiram com base nessa suposição. Eles têm uma crença criativa ou estratégica nas pessoas, apesar da evidência do contrário. "Confie nos homens e eles serão fiéis a você", disse Emerson. "Trate-os muito bem e eles se mostrarão grandes."

O efeito Pigmaleão

Em Pigmaleão, de George Bernard Shaw, Eliza Doolittle explica: "Perceba que, real e verdadeiramente, além das coisas que qualquer um pode pegar (o curativo e a maneira correta de falar e assim por diante), a diferença entre uma senhora e uma menina não é como elas se comportam, mas como são tratadas. Serei sempre uma menina para o professor Higgins, porque ele sempre me trata como uma menina, e sempre me tratará, mas sei que posso ser uma senhora para você, porque sempre me trata como uma senhora, e sempre me tratará."

Pigmaleão era um escultor na mitologia grega que esculpiu uma estátua de uma bela mulher que é trazida à vida. O livro de George Bernard Shaw, Pigmaleão (a base do sucesso musical, My Fair Lady), tem um tema parecido – uma pessoa, por esforço e vontade próprios, pode transformar outra pessoa. E, no mundo da gestão, muitos executivos desempenham papéis semelhantes aos de Pigmaleão no desenvolvimento de subordinados capazes e no estímulo ao seu desempenho. Qual é o segredo do seu sucesso? Como é que eles são diferentes dos gestores que não conseguem desenvolver as pessoas?

Outra expressão dessa compreensão do homem como automotivador apareceu na obra de Frederick Herzberg, outro norte-americano, que se envolveu muito mais do que Maslow na indústria. Como o pensamento de Maslow, a contribuição de Herzberg foi significativa para a nossa compreensão da liderança.

Em meados dos anos 1950, Herzberg e os seus associados entrevistaram 203 engenheiros e contadores em Pittsburgh para descobrir por que é que encontraram alguns acontecimentos nas suas vidas profissionais satisfatórios, e outros insatisfatórios. Herzberg separou os fatores envolvidos em dois fatores, a que chamou fatores "motivadores" e "de higiene". Os motivadores — destacados na Tabela 9.2 — proporcionaram satisfação mais prolongada aos indivíduos. Os fatores de higiene, que ele listou como incluindo política e administração da empresa, supervisão, relações interpessoais, salário, status, segurança no trabalho, vida pessoal e condições de trabalho, nos causam insatisfação se não estiverem bons. Mas, se você der a uma pessoa mais de um fator de higiene, vai reduzir sua insatisfação ou então dar a ela uma sensação de satisfação de curta duração.

124   *Como Liderar: 8 lições para iniciantes*

Tabela 9.2 *Teoria dos dois fatores de Herzberg*

O que motiva ou satisfaz as pessoas no trabalho não é o oposto do que as desmotiva ou insatisfaz. Existem dois conjuntos separados de fatores. Esta lista descreve aqueles identificados por Herzberg como motivadores.

Fator	Definição
Realização	Sentido de trazer algo para uma conclusão bem-sucedida, completar um trabalho, resolver um problema, fazer uma venda bem-sucedida. A sensação de realização é proporcional à dimensão do desafio.
Reconhecimento	Reconhecimento da contribuição de uma pessoa; valorização do trabalho pela empresa ou colegas; recompensas por mérito.
Interesses de trabalho	A atração intrínseca do trabalho; variedade em vez de repetição; o trabalho é interessante, não é monótono ou chato.
Responsabilidade	Poder ser discreto no trabalho; ter a confiança da empresa; ter autoridade para tomar decisões; ser responsável pelo trabalho dos outros.
Avanço	Promoção em status ou cargo, ou a perspectiva disso.

Apesar de Herzberg ter incluído "supervisão" no seu conjunto de fatores de higiene — os que causam grande insatisfação quando não são cumpridos ou estão "errados" —, ele estava claramente enganado neste ponto. Liderança, uma palavra que Herzberg nunca usou, é mais do que apenas parte do contexto do trabalho de alguém: em muitos casos, é parte integrante do próprio trabalho. Você só precisa olhar para a lista acima para ver que os líderes podem desempenhar um papel importante nos fatores "motivadores".

A REGRA 50-50 E OS OITO PRINCÍPIOS DA MOTIVAÇÃO

Cheguei à conclusão de que Maslow, Herzberg e aquela escola de pensamento estão apenas a meio caminho da motivação. *Cinquenta por cento da nossa motivação vem de dentro de nós, respondendo às nossas necessidades; cinquenta por cento vem de fora de nós, especialmente da liderança que encontramos na vida.*

Esta regra 50-50 não se destina a ser matematicamente precisa. Pelo contrário, é indicativa do equilíbrio sempre crescente entre influências internas e externas. Dela, deduzi oito princípios para líderes que querem motivar outros. São eles:

SEJA MOTIVADO POR SI MESMO

Como líder, precisa ser entusiasta. Não se pode acender o fogo com um fósforo morto! Não há nada tão contagioso como o entusiasmo. Grandes projetos não são realizados sem entusiasmo. Como diz o provérbio beduíno: "O que vem do seu coração é maior do que o que vem da sua mão."

SELECIONE PESSOAS MUITO MOTIVADAS

É difícil motivar pessoas que ainda não estão motivadas. Portanto, procure pessoas que tenham as sementes de motivação nelas. Como Oliver Cromwell disse uma vez: "Me dê o capitão de capa vermelha que sabe pelo que está lutando e adora o que sabe." Construa sua equipe não com aqueles que falam entusiasmados, mas com aqueles que demonstram entusiasmo pelo negócio em mãos e compromisso constante em suas ações.

Como um velho ditado diz: "Não bata no porco para tentar fazê-lo cantar. Você vai se desgastar e irritá-lo. Muito melhor vender o porco como bacon e comprar um canário."

TRATE CADA PESSOA COMO UM INDIVÍDUO

Teorias e princípios se aplicam à generalidade das pessoas. Você nunca saberá como eles se aplicam — nem mesmo se eles se aplicam — a qualquer pessoa, a menos que a observe e fale com ela. Você vai aprender o que a motiva, e talvez também como o seu padrão de motivação mudou ao longo da vida.

O dramaturgo grego Menander disse certa vez: "Conhece-te a ti mesmo". É um bom ditado, mas não em todas as situações. Em muitas, é melhor dizer: "Conheça os outros". Como líder, você deve aspirar a conhecer os outros. Um bom pastor conhece as suas ovelhas pelo nome. John Steinbeck falou: "Ninguém sabe sobre os outros seres humanos. O melhor que se pode fazer é supor que os outros são como você."

ESTABELEÇA METAS REALISTAS E DESAFIADORAS

As melhores pessoas gostam de ser desafiadas — elas aceitam tarefas viáveis, mas exigentes. Não torne a vida delas muito fácil! Felizmente, a vida empresarial oferece uma série de desafios, o suficiente para manter todos atentos. Sem trabalho, problemas, dificuldade e luta, não há senso de realização. Sua habilidade como líder é estabelecer e acordar metas, objetivos ou metas que tanto alcancem a tarefa quanto desenvolvam a equipe e seus membros individuais.

LEMBRE-SE DE QUE O PROGRESSO MOTIVA

Todos nós precisamos de um *feedback* positivo de que estamos avançando na direção certa, pois isso nos encoraja a perseverar diante das dificuldades. "Vou a qualquer lugar, desde que seja para a frente", disse David Livingstone a um amigo. Se como líder você puder mostrar à sua equipe — e a cada membro — que o progresso *está* sendo feito, isso por si só vai alimentar sua determinação de avançar no caminho do sucesso.

CRIE UM AMBIENTE MOTIVADOR

A liderança exige criatividade social tão importante e exigente quanto a criatividade artística. Você está lá para construir o trabalho em equipe, e isso é uma atividade criativa. Mais amplamente, todos os líderes de uma organização devem trabalhar juntos para garantir um local de trabalho interessante, estimulante e desafiador.

Lembre-se do princípio 50-50: cerca de metade da nossa motivação vem de fora, especialmente das pessoas ao nosso redor. Seu compromisso, sua paixão e suas mentes criativas estimulantes podem despertar os poderes dentro de nós. Seu trabalho como líder é promover esse aprendizado e ambiente motivador.

FORNEÇA RECOMPENSAS JUSTAS

Temos um sentido de justiça. Por vezes não é fácil assegurar a equidade salarial e os bônus, mas é importante lembrar que a percepção de recompensas injustas tem um efeito desmotivador na maioria das pessoas — Herzberg tinha razão sobre isso. Como princípio geral, as recompensas financeiras (e outras) devem corresponder ao valor relativo da contribuição, de acordo com a avaliação do mercado para qualquer tipo específico de trabalho.

RECONHEÇA

Na melhor das hipóteses, o dinheiro é uma medida grosseira do valor do trabalho. Uma estrela pop vale mesmo mil vezes mais dinheiro do que um cirurgião cerebral? Um bom líder deve ser rápido para mostrar reconhecimento a *todos* os membros da equipe ou organização, porém sua contribuição é indireta para a tarefa geral. Você deve trabalhar sobre o princípio do "crédito quando ele é devido". Quando o trabalho das pessoas é valorizado, há sempre motivação para continuá-lo — e bem.

MOTIVAÇÃO E INSPIRAÇÃO

Se aplicar os oito princípios descritos acima, verá que, com o passar do tempo, você vai se tornar um líder inspirador. Pois já estará indo muito além de tentar mover as pessoas através de incentivos financeiros ou apelos ao medo — as alavancas que os velhos patrões usavam para a exclusão de todo o resto. Você vai transmitir aos outros o seu próprio

128 *Como Liderar: 8 lições para iniciantes*

espírito. O almirante lorde São Vicente escreveu uma vez numa carta ao seu jovem capitão Nelson: "Nunca vi um homem na nossa profissão que possuísse a arte mágica de infundir o mesmo espírito em outros que inspiraram suas próprias ações como você faz. Todos concordam que só há um 'Nelson'." Através dos tempos, os verdadeiros líderes têm tido a mesma capacidade de inspirar esforços em outros.

Líderes que inspiram

Xenofonte sabia por experiência própria o que era inspirar soldados em campanha, mas também foi o primeiro e maior estudante de liderança. Aqui está o seu retrato como um inspirador líder militar:

"Porque alguns comandantes fazem com que os seus homens não estejam dispostos a trabalhar e a correr riscos, não dispostos a obedecer, exceto sob coação e, na verdade, orgulhosos de desafiarem o seu comandante. Sim, e esses comandantes fazem com que esses homens não tenham senso de desonra quando algo vergonhoso acontece.

Contraste o corajoso e hábil general com um dom natural para a liderança. Deixe-o assumir o comando dessas mesmas tropas, ou de outras, se quiser. Qual seu efeito sobre eles? Eles têm vergonha de fazer algo vergonhoso, acham que é melhor obedecer e se orgulham da obediência, trabalhando alegremente – cada um e todos juntos – quando é necessário.

Assim como o amor ao trabalho pode surgir na mente de um soldado aqui e ali, todo um exército sob a influência de um bom líder é inspirado pelo amor ao trabalho e a ambição de se distinguir sob o olhar do comandante. Se este é o sentimento da patente e do arquivo para o seu comandante, então ele é um excelente líder.

Portanto, a liderança não é uma questão de ser melhor com arco e flecha, nem montar o melhor cavalo e estar acima de tudo, nem ser o mais conhecedor das táticas de cavalaria. É ser capaz de fazer com que seus soldados sintam que devem segui-lo através do fogo e em qualquer aventura.

Assim também é nas indústrias privadas, o homem de autoridade – o diretor ou gerente – que pode tornar os trabalhadores ávidos, diligentes e perseverantes. Ele é o homem que faz o negócio crescer de forma lucrativa.

Em um navio de guerra em alto mar, os remadores devem trabalhar todo o dia para chegar ao porto, alguns remadores podem dizer e fazer a coisa certa para elevar os espíritos dos outros e fazê-los trabalhar com vontade. Outros astros do remo são tão carentes dessa habilidade que levam o dobro do tempo para terminar a mesma viagem. Aqueles chegam banhados em suor, com felicitações mútuas, senhores e remadores. Estes, com a pele seca, odiando o seu amo, e ele os odiando igualmente.

Como um líder eficaz inspira um grupo de pessoas — até mesmo a classe mais baixa de cidadãos na antiga Atenas que tripulou os remos em suas galés navais — para que tal grupo se torne uma equipe disposta e até mesmo entusiasmada será sempre um pouco misterioso. Mas pode ser feito — *você* pode fazê-lo. E quando as pessoas estão verdadeiramente inspiradas, as recompensas materiais se tornam irrelevantes e o medo da punição está ausente. "Não é preciso um chicote para apressar um cavalo obediente", diz o provérbio russo.

***

A sabedoria proverbial das nações tem uma riqueza de conselhos — alguns deles contraditórios — para os líderes sobre o assunto de louvar e culpar. As situações e as personalidades individuais dos interessados devem orientar você sobre qual provérbio seguir, mas sua variedade é provocadora. Eles nos revelam como é importante louvar e ser louvado dentro do tecido da vida social — alguém me disse uma vez que **o louvor era o oxigênio do espírito humano**. Mas é difícil de fazê-lo bem.

LOUVOR E CULPA: ALGUNS PROVÉRBIOS

Um homem honesto é ferido pelo louvor injustamente concedido

Elogios demais são um fardo

Eu louvo em voz alta, eu culpo suavemente

Os nossos elogios são o nosso salário

O mais agradável de todos os sons — o do seu próprio louvor

Seja poupado no louvor e mais ainda na culpa

Louve um tolo e regue a sua loucura

O louvor é sempre agradável

O louvor torna os homens bons melhores e os homens maus piores

Finalmente, a bondade no sentido moral é a base segura da liderança. Honestidade, integridade, coragem moral, justiça, tudo isso contribui para equipes melhores e mais eficazes. Virtudes como estas, tanto do

Como Liderar: 8 lições para iniciantes

líder como do membro, significam que as energias da equipe serão gastas na tarefa, e não em lutas internas, politicagens, retrocesso, intrigas e suspeitas mútuas. Como acontece com a maioria das coisas, cabe a você, como líder, dar o exemplo.

CHECKLIST:

MOTIVANDO

	Sim	Não
Já concordou com os membros da sua equipe sobre suas principais metas e responsabilidades contínuas, juntamente com padrões de desempenho, para que todos possam reconhecer a conclusão da tarefa?	☐	☐
Reconhece a contribuição de cada membro da equipe e encoraja os demais a fazer o mesmo?	☐	☐
Em caso de sucesso, você o reconhece e constrói sobre ele? Em caso de contratempos, identifica o que correu bem e dá orientações construtivas para melhorar o desempenho futuro?	☐	☐
Pode delegar mais? Pode dar mais discrição sobre as decisões e mais responsabilidade a um subgrupo ou indivíduo?	☐	☐
Mostra para aqueles que trabalham com você que confia neles, por exemplo, não protegendo-os com controles desnecessários?	☐	☐
Existem oportunidades adequadas para treinamento e (quando necessário) retreinamento?	☐	☐
Você encoraja cada indivíduo a desenvolver suas capacidades ao máximo?	☐	☐

O desempenho geral de cada indivíduo é revisto regularmente em discussões presenciais? ☐ ☐

A recompensa financeira corresponde à contribuição? ☐ ☐

Você tem tempo suficiente para falar e ouvir, para entender o perfil único (e em mudança) de necessidades e desejos de cada pessoa, permitindo-lhe trabalhar com a semente em vez de contra ela? ☐ ☐

Encoraja pessoas com promoções dentro da organização, ou — se isso for impossível — os aconselha a procurar em outro lugar a próxima posição que corresponda ao seu mérito? ☐ ☐

Consegue pensar num gerente que delegue (a) mais eficazmente e (b) menos eficazmente do que você? Quais são os resultados em cada caso? ☐ ☐

a) ☐

b) ☐

PONTOS-CHAVE

• Os motivos humanos têm suas fontes em necessidades e valores profundos. Uma necessidade que se torna consciente é chamada de desejo. Um líder pode às vezes ajudar nesse processo.

• Proporcionar o clima e as oportunidades certas para que tais necessidades sejam atendidas para cada indivíduo do grupo é possivelmente a mais difícil e, sem dúvida, a mais desafiadora e recompensadora das tarefas do líder.

• As pessoas são automotivadoras, mas todos nós respondemos bem à influência positiva na forma de **encorajamento** vindo dos outros. *Encorajar* significa dar esperança, confiança ou espírito — e às vezes também ajuda ativa.

132   *Como Liderar: 8 lições para iniciantes*

- Lembre-se de que 50% da nossa motivação vem de dentro de nós, e 50% de fora, especialmente da boa liderança. Portanto, como líder, certifique-se de obter seus cinquenta por cento corretos praticando estes princípios:
  - Estar motivado;
  - Selecionar pessoas motivadas;
  - Tratar cada pessoa como um indivíduo;
  - Estabelecer metas realistas e desafiadoras;
  - Lembrar que o progresso motiva;
  - Criar um ambiente motivador;
  - Oferecer recompensas justas;
  - Reconhecer.
- Como líder, você deve estar sempre pronto para apoiar, moderar ou encorajar sua equipe ou o indivíduo durante o dia. Na língua zulu, há uma palavra, *abakhwezeli*, que significa literalmente "aquele que mantém o fogo aceso". Não é uma má definição da função motivadora de um líder.
- Nenhuma descrição da natureza humana pode ser completa, mas você só precisa ter 90% de razão sobre 90% das pessoas com quem está lidando. Claro que haverá dias maus. Claro que haverá exceções. Mas as pessoas respondem aos que têm visão. Essa visão deve ser realista, mas edificante das pessoas, como a que esbocei acima.

> *"Se tratares as pessoas como elas são, elas ficarão como estão. Mas, se os tratar como devem ser, vão se tornar pessoas maiores e melhores."*
>
> GOETHE

10. Organização

"Os cumes dos vários tipos de negócios são, como os das montanhas, muito mais parecidos do que as partes inferiores — o mesmo acontece com os princípios. É somente os detalhes variados e ricos dos estratos mais baixos que contrastam entre si. Mas é preciso viajar para saber que as cimeiras são iguais. Aqueles que vivem numa montanha acreditam que a sua montanha é diferente de todas as outras."

WALTER BAGEHOT

Assim como há líderes fracos como organizadores, especialmente quando são promovidos de forma imprudente em seu nível de "incompetência" na organização, há alguns que têm talento para se organizar, mas falta capacidade nas outras funções principais. Presumindo que você já tem potencial para ser um bom organizador e alguma experiência em organizações, o objetivo deste capítulo é aprimorar suas habilidades.

Organizar é a função de estruturar ou formar uma unidade coerente ou um todo funcional. Pode significar também um planejamento sistemático, mas já discutimos essa função. Organizar significa mais o tipo de estruturação que deve ser feita para que as pessoas possam trabalhar como uma unidade e cada elemento, executar a própria parte. Trata-se de corrigir a relação entre o todo e as partes. É uma manifestação de

134 *Como Liderar: 8 lições para iniciantes*

um profundo impulso vocacional para impor ou pôr ordem. A ordem é o valor que está por trás da sociedade, assim como a liberdade é o valor que está por trás do indivíduo. Em qualquer equipe ou organização, é necessário encontrar um equilíbrio entre a ordem (o todo) e a liberdade (o indivíduo).

ORGANIZAR A SUA EQUIPE

A fim de conseguir qualquer coisa, você deve dar ao seu grupo alguma estrutura, especialmente se for grande (seis a dez pessoas) e a tarefa, complexa. Essas estruturas podem ser temporárias — durante a duração do exercício — ou permanentes.

Se o grupo em questão for permanente ou contínuo, com indivíduos entrando e saindo, ele pode muito bem fazer parte de uma organização maior. Nesse caso, a organização como um todo, ou o líder antes de você, pode já ter subgrupos com líderes. Você pode querer manter essa estrutura pronta, ou introduzir alterações. A essência da organização nesse nível é dividir o grupo à medida que ele se torna maior em subgrupos menores e nomear líderes que vão ser responsáveis por eles e se reportar a você.

Isso lhe dá um segundo sistema de comunicações. O primeiro é o método de falar com todo o grupo e ouvir — comunicação de duas vias, face a face. O conteúdo dessas reuniões de equipe incluirá *propósito*, *políticas*, *progresso* e *pessoas*. A vantagem desse método é que não é passível de comunicação falha, que ocorre quando você passa mensagens para uma pessoa através de um terceiro (e quarto e quinto...). Mas consome tempo.

Muito — mas não todo — desse trabalho de comunicação pode ser delegado a sublíderes. Um bom e bem treinado sublíder não só transmitirá e interpretará as mensagens com precisão, como também lhe comunicará de forma clara e concisa as reações, ideias construtivas ou sugestões que surgirem em suas reuniões. Como por exemplo:

- Como fazer a *tarefa de* forma mais eficaz.
- Como podemos trabalhar melhor em *equipe*.
- Como os *indivíduos* podem fazer a sua contribuição ideal.

John Adair 135

A estrutura não fornece apenas um segundo sistema de comunicação, mas também outra opção na tomada de decisão e na estratégia de solução de problemas. Você pode pegar um problema, ou pedir propostas de cursos de ação ou soluções à sua equipe interna de subgrupos de líderes, em vez de o grupo como um todo. Ao escolher quando usar cada um desses dois métodos para a tomada de decisão, é importante ser flexível de acordo com as necessidades da situação, o tamanho e o caráter do grupo e o tipo de decisão envolvida.

Se o seu grupo for muito grande (vinte pessoas ou mais), é essencial subdividi-lo e nomear (ou permitir que os membros elejam) líderes responsáveis perante você, caso contrário as necessidades individuais descritas anteriormente não serão atendidas. Você quer que cada um de seus sublíderes envolva seu pessoal na tarefa, desenvolva uma abordagem de equipe e inspire, incentive e controle os indivíduos conforme necessário. Quanto mais os subgrupos puderem assumir eles próprios essas funções, com o mínimo de supervisão, melhor. Mas isso, paradoxalmente, requer uma boa liderança da sua parte e do seu líder subgrupo.

Se tomar o modelo dos Três Círculos como guia, você pode realizar este levantamento estrutural sem muita dificuldade, especialmente se criar um pequeno, mas representativo grupo de direção para trabalhar com você. A chave é fazer as perguntas certas a vocês mesmos. Algumas sugestões são apresentadas na Figura 10.1.

Quer comece pelo topo e trabalhe para baixo, ou vice-versa, é importante ser sistemático. Você vai ver como as peças do quebra-cabeça se encaixam.

No primeiro nível, você deve precisar de uma resposta para a pergunta: "Quão grande ou pequeno deve ser o grupo ou grupos primários nesta indústria?". Uma boa diretriz é estabelecer com quantas pessoas um líder de equipe pode "fazer os Três Círculos".

O exército romano, como os gregos antes deles, operava com um grupo primário de dez soldados liderados por um *decano*. Em grandes mosteiros beneditinos, o líder a nível estratégico era o Abade, e os "líderes operacionais" eram os chefes dos principais departamentos. Para os "chefes de equipe" — os responsáveis por dez monges —, São Bento no seu *Regimento* pediu emprestado o título *decano*. É a origem do título de *reitor* acadêmico e da igreja. Uma equipe de futebol e críquete é composta por onze jogadores cada. Por mais simples que seja a tarefa em termos tecnológicos, a extensão do controle de um líder de equipe não deve exceder dez ou 12 pessoas. Refere-se ao número de pessoas que são diretamente responsáveis perante um determinado líder e que, portanto, constituem sua equipe.

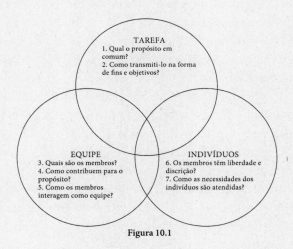

Figura 10.1

UM BOM LÍDER DELEGA

Delegar significa dar a um membro da equipe a autoridade e a liberdade de lidar com certos assuntos por iniciativa própria, com a confiança de que podem fazer o trabalho com sucesso. Não deve ser confundido com abdicação de responsabilidade.

> **Delegação:** Dizer a um membro da equipe os resultados necessários e lhe dar autoridade — "Faça à sua maneira e peça ajuda se necessário."
> **Abdicação:** Renúncia à responsabilidade pelo trabalho — "Faça como quiser, mas não peça ajuda se correr mal."

Lembre-se de que você não deve delegar a menos que esteja disposto a dar à pessoa em questão a autoridade necessária para trabalhar, combinada com a sua confiança de apoio. Esteja disponível para discutir o progresso ou ajudar com qualquer problema que o subordinado não possa resolver sozinho. Agarre-se bem a sua mesa e não interfira! Aceite o fato de que o trabalho será feito de forma diferente da maneira que você teria feito isso, mas que vai ser bem-sucedido.

Tal delegação eficaz serve uma dupla finalidade: liberta-o para o trabalho construtivo em projetos maiores, e é uma técnica necessária para promover o crescimento e desenvolvimento dos subordinados. Certifique-se de que a pessoa sabe quais são os resultados esperados dela e a responsabilize pelo seu desempenho.

ORGANIZE-SE

Sinais certos de que você é ou não capaz de executar a função de organizar estão em sua própria vida. Um bom indicador é se você é ou não bom em organizar seu próprio tempo. É essencial que o líder tenha tempo para pensar, tanto sobre o presente como sobre o futuro. Isso significa, em primeiro lugar, uma consciência do valor do tempo e da sua utilização econômica. "Pede-me qualquer coisa", diria Napoleão, "exceto meu tempo". Ele sabia que tinha apenas 24 horas por dia como qualquer outra pessoa, mas usou o seu tempo de forma muito mais eficaz do que a maioria das pessoas.

Um método para desenvolver a sua consciência e habilidade na gestão do tempo é manter um diário detalhado de como você o gasta. Muitas vezes, isso revela que relativamente pouco tempo está sendo dado para as principais atividades de liderança e comunicação, muito menos para pensar em decisões ou problemas. As pessoas que aparecem durante a manhã, conversando ou bebendo café, ou a atenção indiscriminada a todos os seus e-mails quando chegam podem ocupar metade do seu tempo. No final do dia, você vai para casa com aquela sensação desconfortável de que não conseguiu fazer nada.

> **Arrumando tempo para pensar**
>
> Que conselhos podem ser oferecidos a um líder? Ele deve ter disciplina e levar uma vida cuidadosamente regulada e ordenada. Deve dar um certo tempo para reflexão e pensamento silenciosos; os melhores momentos são de manhã cedo e à noite. A qualidade, boa ou má, de qualquer ação a ser tomada vai variar diretamente com o tempo gasto no pensamento; contra isso, ele não deve ser rígido; suas decisões e seus planos devem ser adaptáveis a situações mutáveis. Certa crueldade é essencial, sobretudo com ineficiência e também com aqueles que desperdiçam o seu tempo. As pessoas vão aceitar isso, desde que o líder seja impiedoso consigo próprio...
>
> A maioria dos líderes achará que há tanto para fazer e tão pouco tempo disponível – esta foi a minha experiência na esfera militar. A minha resposta é não me preocupar; o que é necessário é uma contemplação silenciosa de todos os aspectos do problema, seguida de uma decisão – e é fatal nos preocuparmos depois.
>
> MARECHAL DE CAMPO LORDE MONTGOMERY

A seguir estão algumas sugestões práticas para ajudá-lo a fazer o melhor uso do seu tempo no trabalho. Compare-se com este programa de dez pontos uma vez por mês nos próximos seis meses.

1. DESENVOLVER UM SENTIDO PESSOAL DO TEMPO

Não confie na memória nem assuma que sabe para onde vai o seu tempo. Durante uma ou duas semanas, mantenha um diário. Torne-se mais consciente do valor do seu tempo e resolva usá-lo bem.

2. IDENTIFICAR SUAS METAS E POLÍTICAS DE LONGO PRAZO

Quanto mais claro estiver sobre os seus objetivos a longo prazo, mais fácil será identificar suas prioridades. As políticas são decisões sobre princípios: elas o ajudam a tomar muitas decisões diárias sem perder muito tempo com elas.

3. FAZER PLANOS A MÉDIO PRAZO

Você deve ser capaz de traduzir fluentemente *o propósito* em *metas*, e *as metas* em *objetivos* (ver Figura 5.1, página 83). Planeje seu trabalho em metas e objetivos em termos de oportunidades e resultados desejados, prioridades e prazos.

4. Planejar o dia

Faça uma lista do que você quer fazer todos os dias. Organize-a ou marque-a por ordem de prioridade. Aprenda a dizer não, senão vai se tornar apenas escravo das prioridades dos outros.

5. Aproveitar ao máximo o seu tempo

O seu melhor momento é quando faz o seu melhor trabalho. Sempre que possível, use-o para tarefas importantes. Tenha alguns períodos de silêncio planejados para o pensamento criativo.

6. Organizar o seu trabalho administrativo

Desenvolva sistemas para lidar com papelada e e-mails, e para fazer chamadas telefônicas, para não fragmentar seu dia. Faça da administração o seu servo e não o seu mestre.

7. Gerir as reuniões

Elabore a agenda com cuidado, atribuindo tempo para cada item. Comece na hora certa e termine na hora certa. Use suas habilidades como líder para fazer reuniões de negócios agradáveis.

8. Delegar eficazmente

Sempre que possível, delegue o maior número possível de responsabilidades administrativas. A razão para o fazer é ter tempo para exercer o tipo de liderança que a sua posição requer.

9. Usar o tempo dedicado

O tempo dedicado é usado para fins específicos, como viagens. Use o tempo de espera ou de viagem para pensar, planejar, ler ou fazer chamadas.

10. Gerir a sua saúde

O gerenciamento de tempo é sobre a *qualidade* do seu tempo, não sobre sua *quantidade*. Siga as orientações do senso comum sobre sono, dieta, exercício e férias.

CHECKLIST:

ORGANIZAÇÃO

Organização é uma função importante na interseção do modelo dos Três Círculos. Verifique sua habilidade de se organizar nas seguintes áreas.

GRUPO

	Sim	Não
O tamanho do grupo é o melhor, e as pessoas certas estão trabalhando juntas?	☐	☐
Você precisa criar subgrupos?	☐	☐
Há oportunidades ou procedimentos para consultar o grupo antes que decisões sejam tomadas -- decisões relacionadas ao planejamento do trabalho e resultados, métodos e padrões, quantificação do trabalho e horas extras?	☐	☐

ORGANIZAÇÃO

	Sim	Não
Você sabe o propósito da organização e como as várias partes dela trabalham em conjunto para alcançar esse fim?	☐	☐
Existe um sistema eficaz de recrutamento de pessoal para a organização e formação? Existe um procedimento de demissão justo?	☐	☐

Você realiza pesquisas regulares para verificar:

	Sim	Não
- o tamanho de todos os grupos de trabalho?	☐	☐
- o número de níveis de liderança?	☐	☐
- o crescimento de complexidade desnecessária?	☐	☐

John Adair

- a linha e a cooperação do pessoal?

- se os sistemas de comunicação estão funcionando corretamente?

AUTO-ORGANIZAÇÃO

Existem formas de organizar a sua vida pessoal e profissional? Por exemplo, como você lida com sua administração pessoal para ser um líder mais eficaz?

Delega o suficiente?

Já identificou pelo menos três passos que pode dar para se tornar um melhor organizador do seu tempo?

1. _____

2. _____

3. _____

PONTOS-CHAVE

- A **organização** é a função de organizar as peças em uma ordem de trabalho. "A estrutura é um meio para atingir os objetivos e as metas de uma instituição", escreve Peter Drucker. Esta não é mais do que outra aplicação do modelo dos Três Círculos.

- No *nível de equipe*, você pode ter que se organizar para obter resultados configurando **subgrupos**. No *nível organizacional*, entretanto, o princípio pode significar a introdução de **mudanças estruturais** para responder a mudanças na tarefa, na tecnologia ou no ambiente.

- O modelo dos Três Círculos serve de guia para a realização do seu próprio questionário sobre a estrutura da sua equipe. Baseia-se em princípios de senso comum. A concretização das mudanças exigirá, naturalmente, poderes de liderança consideráveis.

- Para ser eficaz como líder, você deve ser capaz de organizar seu próprio trabalho. Deve se tornar especialmente bom em gerir o próprio

142 *Como Liderar: 8 lições para iniciantes*

tempo, que é o seu recurso mais precioso, porque precisa de tempo para pensar no tempo das outras pessoas.

- "Tempo desperdiçado é existência; usado, é vida", escreveu o poeta Edward Young. Por isso, vale a pena recordar que, muitas vezes, nada nos pertence a não ser o nosso tempo, e você o tem mesmo que não tenha mais nada.

- Alcançar um equilíbrio entre o trabalho e a vida privada que funcione para si e o mantenha livre do estresse.

"Não basta estar ocupado. A pergunta é: 'Com o que você está ocupado?'"

HENRY THOREAU

11. Avaliação

"Se conseguir se encontrar com o triunfo e o desastre
E tratar esses dois impostores da mesma forma..."
RUDYARD KIPLING

Apreciar, rever, classificar, avaliar, julgar e estimar são aspectos da função básica da valorização. Estes navios podem todos navegar sob a bandeira da *avaliação:* a capacidade de determinar ou fixar o valor de algo.

Como analisar e sintetizar, as outras duas funções básicas da inteligência, a valorização entra em todo o pensamento e ação de um líder. A função de controle, por exemplo, envolve alguma avaliação do progresso em relação a padrões. Nesse capítulo, vamos nos concentrar em algumas habilidades específicas que você precisará adquirir ou desenvolver como líder.

- Avaliação de consequências;
- Avaliação do desempenho da equipe;
- Avaliar e treinar indivíduos;
- Julgar pessoas.

144   *Como Liderar: 8 lições para iniciantes*

AVALIAÇÃO DAS CONSEQUÊNCIAS

Em todas as organizações, há pessoas que têm uma reputação de bom senso, no sentido de que são adeptos a avaliar as consequências de qualquer ação potencial dentro e fora da organização. De igual modo, todos nós conhecemos pessoas que não têm discernimento a esse respeito. Na indústria, são muitas vezes responsáveis por desencadear greves, paragens ou outras rupturas nas relações laborais.

No processo de tomada de decisão ou de resolução de problemas, terá de avaliar as consequências das ações ou das soluções propostas antes de tomar uma decisão. É útil estar ciente de que as consequências podem ser divididas em seis categorias, que se sobrepõem consideravelmente e estão descritas na Tabela 11.1.

Tabela 11.1 *Sondando as consequências*

Tipo de consequência	Perguntas sobre as sondagens
Desejáveis	Quais são as vantagens sólidas dessa ação ou solução em termos de propósito, fim ou objetivo comum?
Indesejáveis	Tem efeitos secundários indesejados? Cria mais problemas do que resolve?
Manifesto	Que consequências — boas ou más — estão à vista?
Latente	Haverá consequências que não posso prever. Posso reduzir o número delas por mais pensamentos ou pesquisas? Tenho recursos suficientes para lidar com possíveis contingências?
Tarefa	Quais são as consequências técnicas da adoção desse método em vez de outro?

Tipo de consequência	Perguntas sobre as sondagens
Pessoas	Quais serão os efeitos sobre (a) a equipe, (b) os indivíduos, (c) a organização, (d) a sociedade e (e) eu mesmo?

Em alguns casos, você será reduzido a estimativas grosseiras ou suposições sobre essas consequências. Mas, quanto mais ciência você usar, mais pode prever consequências com precisão. Sempre que possível, transforme estimativas em cálculos. Na indústria, isso significa realizar uma rigorosa avaliação custo/benefício dos cursos abertos?

No que diz respeito às consequências das "pessoas", uma questão de preocupação vital para o líder, um erro comum, é adivinhar em vez de descobrir, indo e perguntando às pessoas. "Elas nunca vão concordar em fazer turnos extras, isso é certo. Eles nunca concordaram antes", disse um diretor do conselho. Mas isso é uma suposição não examinada. (Lembre-se do Exercício 5 — os pontos e os palitos de fósforo!) Teste essa consequência para ver se é real — você pode ter uma surpresa agradável.

Alguém uma vez resumiu de forma clara o processo de tomada de decisão em três fases: tomar a decisão, implementá-la e viver com as consequências. Os últimos se dividem em duas formas: manifesto — claramente aparente ou óbvio no momento; e latente — oculto para o tomador de decisão.

Você pode desenvolver sua capacidade de avaliar essas consequências com antecedência — exceto as latentes —, analisando com cuidado as causas e os efeitos no que acontece. Gradualmente você identifica padrões ou tendências. Torna-se mais fácil prever o que vai acontecer. A sua "mente profunda" — o subconsciente ou a maioria dos seus milhões de células cerebrais — pode por vezes agir como um computador, imprimindo avisos, julgamentos ou expectativas. Uma mente profunda, informada ou educada, alimentada pela experiência analisada e digerida, é um ativo valioso para qualquer líder.

146 *Como Liderar: 8 lições para iniciantes*

> **O computador privado de um líder**
>
> "Se tenho algum conselho a dar, é o seguinte: se alguém quer ser bem-
> -sucedido, tem de pensar até doer. Deve se preocupar com um problema
> até parecer que não há outro aspecto que não tenha sido considerado.
> Acreditem em mim, isso é um trabalho árduo e, pela minha observação
> atenta, posso dizer que há poucas pessoas preparadas para realizar esse
> trabalho árduo e cansativo.
>
> Mas deixem-me ir mais longe e assegurar isto: enquanto, nas primeiras
> etapas, é um trabalho árduo e é preciso aceitá-lo como tal, mais tarde
> descobriremos que não é assim tão difícil. O aparelho pensante se torna
> treinado — até para formar algum pensamento subconscientemente. A
> pressão que uma pessoa teve que usar no seu pobre cérebro nos estágios
> iniciais não é mais necessária; o moinho duro é raramente necessário; o
> computador mental da pessoa chega às decisões instantaneamente ou
> durante um período em que o cérebro parece estar em repouso. São ape-
> nas os problemas raros e mais complexos que exigem um esforço mental
> prolongado."
>
> ROY THOMSON, AFTER I WAS SIXTY (1975)

AVALIAÇÃO DO DESEMPENHO DA EQUIPE

Nas empresas, é muitas vezes valioso ter uma sessão de *briefing* após um determinado projeto. Isso lhe dá a oportunidade de avaliar o desempenho do grupo como um todo em relação à tarefa. Primeiro, você deve ter uma declaração realista e honesta dos resultados nos seguintes termos:

Sucesso: Objetivos todos alcançados.

Sucesso limitado: Objetivos gerais ou parte de um objetivo atingido, mas não todos.

Fracasso: Nenhum objetivo alcançado.

Então, o próximo passo é a avaliação propriamente dita. Você pode iniciá-la dando suas próprias opiniões, ou pedir comentários da equipe como um todo. A menos que você seja um líder muito experiente, é melhor seguir sempre o simples exercício de identificar os pontos bons primeiro — o que correu bem — e depois passar para os pontos que precisam melhorar. Eles devem incluir formas construtivas pelas quais o desempenho da equipe como um todo possa ser mudado para melhor. Você pode tomar decisões no local para efetuar essas mudanças ou escolher pensar sobre elas por um ou dois dias.

As reuniões de grupo para *briefing* geralmente não são o lugar certo para lidar com falhas individuais, a menos que você queira fazer de alguém um exemplo para o benefício do grupo como um todo.

Nas reuniões de *briefing*, você pode resolver qualquer problema específico que tenha causado a fragmentação do grupo em partes independentes e interdependentes. O filme *Almas em chamas* é uma boa ilustração. Durante uma reunião de *briefing*, enquanto o 918 Bomb Group ainda está sofrendo pesadas perdas em território inimigo, Savage descobre que alguns indivíduos estão colocando seus amigos íntimos em primeiro lugar.

Savage: Pettigill!

Pettigill: Sim, senhor.

Savage: Tivemos muita sorte de ter apenas uma derrota neste ataque. Por que você quebrou a formação?

Pettigill: Bem, senhor, Ackermann estava em apuros, com dois motores em chamas, e estávamos indo ao encontro de caças inimigos. Achei melhor ficar com ele e tentar cobri-lo ao entrar no alvo. Mas ele não conseguiu.

Savage (após uma pausa): Ackermann é um bom amigo seu?

Pettigill: Meu colega de quarto, senhor.

Savage: Então, pelo bem do seu companheiro de quarto, você violou a integridade do Grupo. Cada arma em um B.17 é projetada para dar ao Grupo o máximo poder de fogo defensivo, é isso que quero dizer com integridade do Grupo. Quando você retira um B.17 da formação, reduz o poder defensivo do Grupo em dez armas. Um avião aleijado tem de ser dispensável. A única coisa que nunca é dispensável é a sua obrigação para com este Grupo. Este Grupo, este Grupo, este Grupo, que tem de ser a sua lealdade, a sua única razão de ser! Stovall!

Stovall: Sim, senhor.

Savage: Peça ao oficial Billeting que faça uma reatribuição completa dos aposentos para que cada homem tenha um novo colega de quarto.

Stovall: Muito bem, senhor.

148 *Como Liderar: 8 lições para iniciantes*

Nesta cena, Savage mostra uma habilidade considerável, que vale a pena explorar ainda mais. Ele *sente* um problema e fez uma *pergunta* para completar o seu diagnóstico: "Ackermann é um bom amigo seu?" Ele *ordena* a realocação nos quartos para lidar com o que ele diagnosticou como um *problema geral*, e *reitera o padrão do grupo* que está tentando estabelecer — nesse caso, colocar o grupo em primeiro lugar e a si mesmo em segundo lugar.

AVALIAÇÃO E TREINAMENTO DE INDIVÍDUOS

"Reunião de avaliação" é um termo familiar no jargão de gestão. Esta é uma entrevista regular, às vezes acontece pouco, uma vez por ano, quando um gestor se senta com o seu subordinado e avalia o trabalho do subordinado em função dos seus objetivos. "Não me diga que o homem está fazendo um bom trabalho", disse Andrew Carnegie a um de seus chefes de fábrica. "Diga que bom trabalho ele está fazendo."

Durante uma reunião de avaliação, você deve criar um ambiente em que possa estabelecer um diálogo construtivo com um subordinado (ou superior ou colega), considerando:

Desempenho passado
Trabalho futuro a ser feito, metas, prioridades, padrões e estratégias
Combinar percepções do que cada um pode razoavelmente esperar do outro
Melhorar as competências, os conhecimentos e os comportamentos.

John Adair

Tabela 11.2 *Entrevistas de avaliação de desempenho*

ENTREVISTA DE AVALIAÇÃO DE DESEMPENHO

Diretrizes	Anotações
1- Garanta que a informação necessária está disponível	Para fundamentar a discussão e mantê-la factual, todos os documentos, relatórios, dados ou informações de apoio devem estar prontamente disponíveis para a entrevista.
2- Deixe o entrevistado à vontade	Ambas as partes devem tentar ser descontraídas, de mente aberta, conscientes do propósito da reunião, comprometidas com seu propósito e preparadas para conversar com calma e franqueza.
3- Ritmo de controle e direcionamento da entrevista	Ambas as partes têm um papel a desempenhar para controlar e influenciar o ritmo e o direcionamento da entrevista, de modo a mantê-la relevante, útil e orientada para o trabalho.
4- Ouça, ouça, ouça	A parte mais difícil da entrevista é ambas as partes se ouvirem. Ouvir é mais do que não falar, é esvaziar a mente de ideias preconcebidas ou preconceitos. É estar disposto a considerar o ponto de vista de outra pessoa e, se esse ponto de vista for melhor do que o que você tinha, ser suficientemente humilde para aceitá-lo.
5- Não seja destrutivamente crítico	Sempre que possível, as pessoas devem ser encorajadas a ser autocríticas — críticas de seu próprio desempenho e motivadas para melhorar. Essa abordagem é muito útil para eliminar o conflito desnecessário da reunião.

ENTREVISTA DE AVALIAÇÃO DE DESEMPENHO

Diretrizes	Anotações
6- Avalie o desempenho sistematicamente	É importante se ater aos fatos — que podem ser comprovados —, que é quando a informação de apoio relevante se torna útil.
7- Discuta futuras ações	Esta é uma oportunidade para conversar — quase em pé de igualdade — sobre o que foi feito, qual a melhor forma de fazê-lo, quem o fará, quando e em que nível.
8- Esteja preparado para conversar sobre potenciais e aspirações	A questão do potencial do indivíduo para a promoção futura nem sempre surge, mas é bom estar preparado.
9- Identificar o treinamento/desenvolvimento essencial necessário	A parte final da entrevista é dedicada a discutir a formação e o aconselhamento que podem ser necessários para levar o plano acordado em ação.
10- Evite armadilhas óbvias	Coisas como: - conversar demais e atrapalhar a entrevista - introduzir conflitos desnecessários - chegar a conclusões precipitadas - culpar apenas os outros — particularmente os que não estão presentes para se defenderem - esperar o impossível — como querer que uma pessoa mude características significativas de um dia para o outro - fazer promessas que nenhuma das partes pode cumprir.

A Tabela 11.2 contém algumas diretrizes que você pode achar úteis tanto para as funções de avaliador como de avaliado.

No final da reunião ou pouco depois, quaisquer ações acordadas deverão ser anotadas. O que tem de ser feito? Quando? Com que padrão? Não espere muito de um sistema de reuniões formais de avaliação de desempenho. Certamente, se não forem seguidas de ações tanto do avaliador quanto do avaliado, podem logo degenerar em rituais vazios. Mas os resultados de uma boa avaliação, quando associados a um bom aconselhamento, incluem um melhor trabalho de equipe, um maior empenho e o desenvolvimento do conhecimento, das competências e do caráter.

Treino no trabalho

General Horrocks recordou um incidente que revelou a capacidade de Montgomery para desenvolver o indivíduo, mesmo nos níveis mais altos de liderança.

"No dia seguinte à batalha [Alam Halfa], eu estava sentado no meu quartel-general ronronando de satisfação. A batalha foi ganha e não fui maltratado no processo. O que poderia ser melhor? Depois veio um oficial de ligação do quartel-general do 8º Exército trazendo-me uma carta de Monty. Isto foi o que ele disse:

'Querido Horrocks,

Bem-feito, mas deve se lembrar que agora é comandante de um corpo e não comandante de divisão...'

Ele passou a listar quatro ou cinco coisas que eu tinha feito mal, principalmente porque interferi demais nas tarefas dos meus comandantes subordinados. O ronronar parou abruptamente.

Talvez eu não fosse um general tão bom, afinal de contas. Mas, quanto mais pensava na batalha, mais percebia que Monty tinha razão. Então liguei para ele e disse: "Muito obrigado."

Conto isso porque Montgomery foi um dos poucos comandantes que tentaram treinar as pessoas que trabalhavam sob o seu comando. Quem mais, no dia seguinte à sua primeira grande vitória – que tinha alterado toda a aparência da guerra no Oriente Médio –, se daria ao trabalho de escrever uma carta como esta a um dos seus comandantes subordinados?"

GENERAL SIR BRIAN HORROCKS, *A FULL LIFE* (1956)

152   *Como Liderar: 8 lições para iniciantes*

Portanto, você deve ver o sistema formal como, na melhor das hipóteses, uma rede de segurança para um processo que deve seguir continuamente. Como líder, você deve sempre avaliar o valor da contribuição de cada indivíduo e lhe dar *feedback* sobre como estão se saindo. Às vezes, os indivíduos, especialmente os mais exigentes, podem genuinamente subestimar alguma ação ou função que desempenham. É uma espécie de complexo de inferioridade ocupacional. O líder pode corrigir esse erro de julgamento. Ele pode também, como vimos, ter ocasiões para chamar a atenção para as insuficiências dos objetivos.

No entanto, um líder não está no lugar de um juiz no tribunal de justiça avaliando imparcialmente as ações de uma pessoa que espera no banco dos réus. Ele quer melhorar o desempenho. Os líderes têm de ser capazes de comunicar tanto as suas percepções sobre os pontos fortes como os pontos fracos da pessoa avaliada. Devem dispor de dados ou informações para apoiar qualquer observação que façam.

Acima de tudo, devem apresentar suas sugestões para que sejam aceitáveis e passíveis de ação por parte do indivíduo. A melhor maneira é pedir ao indivíduo que avalie o próprio desempenho em relação a objetivos permanentes ou contínuos e objetivos específicos. Em seguida, monte um plano de ação com eles.

Assim, a função de avaliar o desempenho de um indivíduo só é útil se for o prelúdio de alguma forma de aprendizagem ou treinamento. Mesmo que o resultado da entrevista seja você demitir essa pessoa, ou a transferir para outro grupo, ela ainda pode ser apresentada de forma positiva como uma lição aprendida juntos. Como líder, você precisa ser, em parte, um professor ou treinador de pessoas. Por outro lado, um professor tem de ser como um líder.

É possível ensinar a si mesmo técnicas específicas, tais como fazer perguntas de diferentes tipos que podem ser úteis em reuniões de avaliação. Os exemplos a seguir podem ser úteis:

Abertura: "Fale-me do seu programa de vendas."
Sondagem: "É a primeira vez que não consegue encontrar um alvo?"

Factual: "Onde estava quando aconteceu?"

Reflexivo: "Obviamente, você se sente desapontado e chateado com o que foi dito."

Liderança: "Suponho que vá melhorar isso no próximo ano?"

Escolha limitada: "Se tivesse de escolher entre trabalho de recrutamento geral e especialização em direito laboral, qual seria a sua escolha?"

O mais importante, entretanto, é levar a sério suas responsabilidades de desenvolver o indivíduo como seu mentor durante todo o ano, e não apenas por uma ou duas horas em uma reunião formal ou semiformal. Você deve ser capaz de oferecer a cada pessoa algo extraído de sua sabedoria prática.

Infelizmente, a menos que seu subordinado *o avalie* muito bem, é improvável que ele queira aprender com você. Como Winston Churchill disse uma vez à sua esposa: "Não suporto que me ensinem, mas gosto de aprender." O que há em você que pode fazer com que as pessoas queiram aprender algo? Dado que você tem um pouco de sabedoria, é melhor se ver não como um técnico treinando um esportista, mas como um artista mais experiente sentado ao lado de outro, comentando sobre o trabalho em mãos.

Lembre-se da definição de orador de Cícero: "um bom homem habilidoso em falar". O desenvolvimento de outra pessoa pode muito bem testar sua bondade e sua habilidade como professor. Porque a sabedoria prática consiste em inteligência, experiência e bondade. Mas ser mentor é uma atividade que pode fazer da liderança uma experiência tão gratificante.

JULGANDO PESSOAS

Você pode ter ouvido que alguns líderes se destacam em outros aspectos: "Ele não é juiz de caráter. Algumas das nomeações que fez foram desastrosas."

Por outro lado, algumas pessoas — nem todos os líderes — têm um talento natural para formar julgamentos precisos sobre as pessoas e como podem se comportar em certas situações. Se você tem alguma habilidade natural como juiz, pode desenvolvê-la pela observação, experiência e estudo. É instrutivo verificar as nomeações feitas por outros na sua organização em relação ao seu próprio conhecimento dessa pessoa, por um lado, e os requisitos do trabalho, por outro. Teria feito essa marcação? Revelou-se uma decisão boa, média ou fraca em termos de resultados?

A prática de ter favoritos é perigosa para os líderes em vários pontos. Primeiro, quebra a unidade da equipe. Pesquisas demonstram que, se um viajante do Ártico faz de um husky seu favorito entre seus cães de trenó, a eficácia de toda a equipe se deteriora acentuadamente. Em segundo lugar, a pessoa que você escolheu como sua favorita é vista pelos outros como um exemplo de seu julgamento. Se outros, que conhecem seus colegas melhor do que você, não concordarem com sua estimativa aparentemente alta quanto a essa pessoa, sua credibilidade será afetada. Em terceiro lugar, os favoritos avançam ao reconhecerem e atenderem as necessidades sociais e de estima de seus patrões com astúcia. Se sentirem que você gosta de lisonjas, agirão de acordo. Algumas pessoas são cortesãs naturais e vão disputar o seu favor com tais presentes. Com o tempo, seu julgamento pode ficar prejudicado e você pode esquecer as razões triviais pelas quais os escolheu — como seu charme ou sua conversa divertida — e, ao promovê-los a cargos de responsabilidade, falharão.

Presumindo que você tenha permanecido imparcial (embora seja humano gostar mais de algumas pessoas do que de outras), a melhor maneira de melhorar julgamentos e decisões sobre as pessoas é analisá-las lentamente e trabalhar mais duro. Deve haver momentos em que você trabalhe ativamente na questão, analisando suas impressões e discutindo-as com outras pessoas, seguidos de momentos em que você relega o assunto para seu subconsciente ou "mente profunda", para pensar numa resolução depois.

Decisões das pessoas

Entre os executivos eficazes que tive a oportunidade de observar, houve pessoas que tomam decisões rápidas e as que as tomam de forma lenta. Mas, sem exceção, tomaram decisões pessoais lentamente e as fazem várias vezes antes de realmente se comprometerem. Alfred P. Sloan Júnior, ex-chefe da General Motors, a maior empresa de manufatura do mundo, foi informado de que nunca tomaria uma decisão pessoal na primeira vez em que surgiu. Ele fez um julgamento provisório, e mesmo isso levou várias horas como regra. Então, alguns dias ou semanas depois, ele abordou a questão novamente, como se nunca tivesse trabalhado nela antes. Só quando veio com o mesmo nome duas ou três vezes seguidas é que estava disposto a ir em frente. Sloan tinha uma reputação merecida pelos "vencedores" que escolheu. Mas, quando lhe perguntam qual seu segredo, dizem que ele responde: "Não é segredo. Aceitei que o primeiro nome que invento é suscetível de ser o nome errado, então volto a ler todo o processo de reflexão e análise algumas vezes antes de agir." Mas Sloan estava longe de ser um homem paciente.

Poucos executivos tomam decisões pessoais de tal impacto. Mas todos os executivos eficazes que tive a oportunidade de observar aprenderam que têm de pensar por várias horas, de forma contínua e ininterrupta, para as decisões sobre as pessoas se esperam encontrar a resposta certa."

PETER DRUCKER, *O GERENTE EFICAZ* (1967)

Autoavaliação

Como as outras funções, você pode aplicar o princípio da avaliação a si mesmo e ao seu trabalho. Na verdade, um grande objetivo é formar uma visão clara do que significa *excelência* em liderança. Então, poderá avaliar seu progresso em intervalos regulares. A melhor maneira de aprender a liderança é fazer o seu trabalho atual o melhor possível e para monitorar com cautela o próprio desempenho. Se pode desenvolver o *insight* para monitorar seu desempenho de liderança, então até mesmo erros e falhas divulgarão lições positivas.

Nesse contexto, você deve sempre se avaliar em relação ao papel genérico — as responsabilidades e funções da liderança. A liderança é uma atividade centrada no outro, não autocentrada e, portanto, você deve evitar qualquer forma de autopreocupação.

"Temos de considerar nossas responsabilidades. Devemos considerar os deveres de que somos capazes, mas não as nossas capacidades consideradas. Não deve haver autocontemplação complacente. Quando o eu é visto, deve estar sempre na mais íntima ligação com os seus propósitos."

WILLIAM GLADSTONE, *EX-PRIMEIRO-MINISTRO DO REINO UNIDO*

APRENDA COM SEUS ERROS

Há uma contingência sobre a qual você precisa pensar com antecedência: o **fracasso**. Você vai encontrá-lo no exercício da liderança, pois não pode haver grande **sucesso** a menos que você esteja disposto a trabalhar às vezes à beira do fracasso.

Usando o modelo de Três Círculos e o resto deste livro, trabalhe arduamente para diagnosticar a *causa* dessa falha. Pode ter ficado em você, ou em circunstâncias fora do seu controle. Mas é necessário descobrir. Por isso, você deve descobrir impiedosamente a causa da falha, como se estivesse investigando um acidente de avião. Você não vai recuperar a sua confiança para voar novamente até que entenda o que deu errado e saiba que corrigiu a falha em si mesmo ou na equipe. Como Emerson disse: "O sucesso de um homem é feito de fracassos, porque ele experimenta e se aventura a cada dia, e quanto mais quedas ele recebe, mais rápido se move... Ouvi dizer que, na equitação, não se é um bom cavaleiro quem nunca foi atirado, mas que um homem nunca será um bom cavaleiro até ser atirado; então não será mais assombrado pelo terror que terá de suportar, e cavalgará para onde for."

Assim, o fracasso pode ser o seu melhor professor. Pode também lhe dar o dom inestimável da humildade. Como me disse uma vez o vice-presidente residente de uma empresa americana: "Já tive sucesso suficiente para não me desesperar e fracasso suficiente para me manter humilde."

COMO APRENDER COM O *FEEDBACK*

Feedback é simplesmente informação que lhe chega sobre as reações das pessoas — nesse caso, reações positivas ou negativas ao seu desempenho no papel genérico de *líder*, uma vez que está incorporado no seu trabalho.

Não se preocupe: haverá sempre muito *feedback*. Você não precisará solicitá-lo — apenas mantenha seus ouvidos e olhos atentos. Pessoalmente, sou contra a prática de criar sistemas de gestão para solicitar *feedback*. Em primeiro lugar, envia o sinal do egocentrismo; em segundo lugar, não há necessidade — está sempre lá. Se você não sabe o que sua equipe, colegas ou chefe pensam de você, não adianta lhes enviar um questionário!

Lembre-se de que todos os fragmentos de *feedback* que surgem no seu caminho são apenas **impressões pessoais**: ninguém tem uma janela para a sua alma — nem mesmo você. Mas as impressões que os outros têm de você são, no entanto, fatos. É claro que algumas pessoas o conhecerão melhor do que outras e podem ser mais perceptivas. O *feedback* precisa ser peneirado antes de ser levado em consideração, mas cuidado para não descartar as reações mais críticas à sua liderança por alguma forma de racionalização autoindulgente.

O princípio é procurar um padrão no *feedback* de superiores, colegas ou subordinados — solicitados ou não — que venham ao seu encontro. Há um dito húngaro que diz:

"Quando um homem diz ser um cavalo, ri-se dele.
Quando dois homens afirmam que você é um cavalo, pense nisso.
E quando três homens dizem ser um cavalo, é melhor comprar uma sela para você."

Se você perceber a impressão geral que as pessoas têm de você — seja no domínio das qualidades, conhecimentos ou funções —, tem a liberdade de mudar seu comportamento. Por mais doloroso que possa ser no momento, embora geralmente seja pelo *feedback* crítico que mais aprendemos, chegamos a saber que é somente através dos olhos dos outros que podemos ver nossas falhas. E com o tempo podemos apreciar que este autoconhecimento doloroso é uma espécie de bênção. Como dizem os árabes: "Quando Deus deseja bem a um homem, ele lhe dá uma visão de suas falhas."

CHECKLIST:

AVALIAÇÃO

Ao avaliar o resultado de possíveis cursos de ação ou soluções, você leva tempo para considerar as consequências para a equipe e para o indivíduo, bem como para a tarefa?

Sempre ☐   Às vezes ☐   Raramente ☐

Como você se classificaria como avaliador do trabalho de sua equipe e de cada membro da equipe?

Bom — Você realiza reuniões regulares de avaliação e faz muita coisa no dia a dia. Apoia sempre os pontos gerais com provas. Tende a elogiar primeiro e criticar depois. Sua avaliação geralmente resulta em melhor desempenho no trabalho. ☐

Médio — Às vezes parece funcionar, outras vezes não. É difícil acertar com algumas pessoas. Francamente, pessoas estranhas, que não querem aprender, o derrotam. ☐

Ruim — Você perde credibilidade toda vez que tenta avaliar alguém. Normalmente acaba numa discussão. Você fala, e eles se recusam a ouvir. ☐

Qual é o seu histórico em julgar as pessoas? Ao selecionar e promover indivíduos, qual das seguintes afirmações caracteriza sua abordagem?

Você sempre pode escolher um vencedor, e nunca consultar alguém ou procurar aconselhamento especializado. ☐

Passa pelas primeiras impressões. Mesmo que pense que está errado, normalmente volta a elas no final. ☐

Assimila devagar as decisões das pessoas. Gosta de consultar outros que conhecem a pessoa, muitas vezes de forma confidencial. Não confia no seu primeiro pensamento. ☐

Gosta de ver uma pessoa em uma variedade de situações diferentes antes de se decidir. O histórico é um fator importante para você, mais do que testes psicológicos e similares. ☐

Raramente se escolhe uma pessoa apenas por razões técnicas, a não ser que ela esteja trabalhando por conta própria. Você tenta vê-la no contexto de ser um líder ou membro da equipe, e julga se ela se dará bem com os indivíduos desse grupo. ☐

Consideraria a sua avaliação regular do seu próprio desempenho como (a) mais rigorosa; (b) menos pesquisadora; ou (c) mais ou menos igual à sua avaliação feita pelos outros?

A) ☐ B) ☐ C) ☐

PONTOS-CHAVE

- Quando as pessoas trabalham arduamente em uma tarefa, precisam ter seu trabalho avaliado de forma justa e profissional. De que outra forma podem aprender a fazer melhor da próxima vez?
- A capacidade de avaliar é uma importante função da liderança.
- Neste capítulo, discutiu-se: *avaliar as consequências, avaliar o desempenho da equipe, avaliar e treinar os indivíduos* e *julgar as pessoas.*

160   *Como Liderar: 8 lições para iniciantes*

- Um elemento crucial na tomada de decisões é a avaliação das alternativas em termos das suas consequências — técnicas, financeiras e humanas.
- A menos que você possa **avaliar o desempenho da equipe** com habilidade, as pessoas que trabalham para você perderão uma parte vital do *feedback* que deveriam receber. Quanto melhor a equipe, mais ela aspira à excelência, mais recebe críticas construtivas.
- Avaliar a **contribuição dos indivíduos** é uma atividade contínua, parte do processo de despertar o melhor das pessoas.
- Quanto mais alto você subiu como um líder, mais importante é desenvolver um bom **julgamento sobre as pessoas**. Evite ter favoritos. O teste da sua capacidade reside no desempenho das pessoas que nomeou. "Pelos seus frutos, você os conhece."

> *"Os que estão próximos não esconderão a sua capacidade. Quem está distante não reclamará do seu trabalho... Isso é o que se chama ser um líder e professor de homens."*
>
> HSÜ TZU

12. Liderar dando o exemplo

"O porta-lâmpadas deve ir em frente."
PROVÉRBIO CHINÊS

Como líder, você não pode deixar de dar o exemplo — a questão é se será bom ou ruim. Se estiver dando um bom exemplo, as pessoas tenderão a não estar muito conscientes disso, mas notarão e comentarão através de maus exemplos.

Os russos têm um ditado: "Nada é tão contagioso como um mau exemplo." Isso é muito comentado pelos sábios. Francis Bacon disse: "Aquele que dá bons conselhos constrói com uma mão. Aquele que dá bons conselhos e exemplos constrói com as duas mãos. Mas aquele que dá boa admoestação e mau exemplo, constrói com uma mão e puxa para baixo com a outra." Aí está.

O exemplo é importante, então, porque as pessoas recebem informações mais pelos olhos do que pelos ouvidos. Daí o provérbio "Uma imagem vale mais que mil palavras". Quando assume o papel de líder, você se torna a imagem!

Porque o que eles veem você fazer é muito mais poderoso do que o que ouvem você dizer. O princípio básico é que a palavra e o exemplo devem andar sempre juntos — devem se apoiar. Se entrarem em conflito, você deve esperar que as pessoas sigam seu exemplo e não seu preceito.

162 *Como Liderar: 8 lições para iniciantes*

"Não faça o que faço — faça o que eu digo", o ditado nunca será dito assim por um verdadeiro líder, exceto na medida em que reconhecem que ele está aspirando a um alto padrão comum, e, sendo humano, está muito consciente de suas próprias deficiências. As pessoas vão respeitá-lo se você tentar dar o exemplo certo, mesmo que fique aquém das expectativas.

Todos nós conhecemos por experiência própria o poder do exemplo dos outros sobre a nossa própria motivação. Se um líder é entusiasta e motivado, é contagioso.

EXERCÍCIO 7

Você consegue identificar algum líder que o tenha inspirado ou motivado?

Que características eles tinham?

Ao contrário, você consegue pensar em um incidente em que um mau exemplo dado por um gerente reduziu a energia e a motivação do grupo?

Muitos gerentes, se fossem honestos, teriam que admitir que são como o personagem-título na obra de Shakespeare, *O Mercador de Veneza*, que declarou: "É mais fácil eu ensinar a vinte pessoas o que é bom para ser feito, do que ser uma das vinte a seguir meu próprio ensinamento."

Talvez seja melhor pensar no exemplo como algo que você fornece em vez de definir. Dar um exemplo sugere uma intenção consciente de fazer algo para o efeito. O exemplo não deveria surgir do que você é e no que acredita, independentemente do efeito?

Você pode discordar de mim que o bom exemplo não deve ser calculado conscientemente. Mas, pela minha experiência, fazer coisas por efeito pode ser contraproducente. Nesse contexto, é um ponto bastante acadêmico, porque você não pode *simular* propósito, entusiasmo ou unidade. Se as pessoas à sua volta querem ver e sentir isso, então tem de estar mesmo lá.

Espontâneo	O exemplo é melhor quando é percebido como espontâneo, não calculado. Deve acontecer naturalmente.
Expressivo	A liderança deveria ser você. Não faça coisas por efeito — fazê-lo é natural para você. Por que o pássaro canta?
Discrição	Um bom exemplo não deve chamar a atenção para si mesmo. Não é uma busca pessoal. Nada de trompetes!

NA ÁREA DE TAREFAS

Um significado de *liderança*, no sentido literal, de sair na frente dos outros. O verbo original em inglês só é encontrado no tempo *causal*. Significa *fazer com que* as pessoas o sigam — livremente, por iniciativa própria. Um guia alpino, por exemplo, pode mostrar a alguns seguidores em que direção devem viajar.

Quando aumentamos a referência de conduzir para situações não físicas, o líder ainda é a pessoa que faz com que os outros avancem livremente pelo seu exemplo. Liderança implica a vontade pessoal de sair na frente — aceitando os riscos envolvidos — a fim de garantir que sua equipe vá na direção certa na velocidade certa e com um coração disposto.

Liderando à frente

A presença de Napoleão no campo de batalha inspirou confiança em seus soldados e na vontade de lutar. Ao se formarem em Austerlitz na fria e nebulosa manhã de 2 de dezembro de 1805, ele prometeu a seus soldados: "Eu mesmo dirigirei cada um de seus batalhões... Mas, se por um instante, a vitória parecer incerta, você verá seu imperador se expor na primeira fila."

Igualmente conspícuos na partilha dos perigos da linha de frente foram os seus generais, que lideraram e deram exemplos de destemor. Mortalmente ferido, o general Valhubert se recusou a deixar o campo, declarando aos seus homens: "Vou morrer aqui também." Ele o fez e eles lutaram — o valor era contagioso.

164   *Como Liderar: 8 lições para iniciantes*

Para continuar a analogia, se estiver muito à frente do grupo — muito avançado em seu pensamento —, você corre o risco de perder o contato com eles completamente. No entanto, se estiver muito atrasado, poderá demostrar, como um político da Revolução Francesa de 1848, que estava forçando a sua passagem por uma multidão que ajudou a instigar: "Deixem-me passar, tenho de segui-los, sou o seu líder."

O quanto de exemplo você deve definir por fazer pessoalmente o trabalho de si mesmo depende de seu nível de liderança. Nos níveis mais baixos, você deve esperar liderar fazendo o trabalho sozinho — ou parte dele, pelo menos — da maneira que deseja que seja feito. Mas as outras funções de liderança, nomeadamente o controle e a coordenação, devem ter prioridade se houver algum conflito sobre a forma como o seu tempo deve ser gasto.

No campo militar, este aspecto da liderança tende a ser muito claro. Espera-se que o comandante do pelotão esteja à frente do seu pelotão; o líder de pelotão voa com o seu próprio lutador, bem como controla o esquadrão. A um certo nível, porém, o comandante militar não lidera o ataque pessoalmente. Um sargento ansioso do general Slim, na Birmânia, durante a Segunda Guerra Mundial, disse: "Estaremos mesmo atrás de você nesse dia, senhor." "Não se engane, sargento", respondeu Slim com um sorriso, "quando o dia chegar, você estará vários quilômetros na minha frente!"

O líder sênior então deixa de liderar pelo exemplo? Não necessariamente. O fato de, em alguma fase das suas carreiras, ele ter liderado "à frente" na tarefa básica é, em si mesmo, um fator importante para conquistar o respeito dos seus colegas mais jovens a todos os níveis. Tem a vantagem prática adicional de as pessoas saberem que um líder não lhes pedirá que façam o que ele não estaria disposto a fazer por si mesmo — ou a ter feito no passado. Se o líder não está disposto a fazer o trabalho por si mesmo, eles dificilmente podem comandar os outros a fazê-lo.

Não pergunte aos outros...

Na idade de vinte e poucos anos, eu trabalhava como mão de convés em um arrasto de pesca de casco. O oficial encarregado do convés era um grande valentão com uma tarja no ombro, pois ele tinha sido recentemente um capitão, mas perdeu seu bilhete por incompetência.

Uma tarde, em uma tempestade de inverno perto da Islândia, ele disse a um dos homens para iluminar o mastro e ajustar uma luz de navegação insegura. "Sem chance", disse o homem, olhando para o mastro e as ondas a assobiar. "Faz logo, Bill," trovejou o oficial para outro ajudante de convés. "Eu, não", respondeu Bill, dando de ombros. O oficial começou a gritar e a xingar todos nós.

Atraído pela comoção no convés, o comandante se aproximou. "O que se passa?", perguntou ele. O amigo disse-lhe: "Por que não vai você mesmo?", disse o capitão ao companheiro, olhando-o nos olhos. Silêncio. "Certo, eu mesmo o farei", falou o capitão, e começou a tirar a roupa de oleado. Ele iria mesmo. Ao mesmo tempo, três ou quatro homens deram um passo à frente e se voluntariaram, pois não tínhamos vontade de perder o nosso navegador para o mar.

Qual era o verdadeiro líder, o oficial ou o capitão?

Mesmo nos níveis mais altos de liderança, às vezes é possível para o líder dar o que pode ser chamado de exemplo simbólico. Quando Napoleão encontrou um sentinela dormindo uma noite, ele pegou o mosquete do homem e ficou de guarda por algumas horas. Ocasionalmente, um líder sênior pode "dar uma mão", trabalhando ao lado de seu povo por uma ou duas horas.

Tais gestos podem ter um efeito elétrico sobre os subordinados, em proporção direta com a classificação ou antiguidade do líder em causa. A videira, que pode ser um fator tanto positivo como negativo nas grandes organizações, vai dar a boa notícia. Quando Júlio César, o comandante-chefe, se sentou em volta de uma mesa com dez soldados de uma legião romana compartilhando sua refeição de pão, carne e vinho e, à tarde, participou de seus exercícios militares, todo o exército romano soube da história em poucas semanas.

Liderança envolve a capacidade de inspirar, e as pessoas são tocadas por tais gestos imaginativos. Um grama de exemplo vale um quilo de exortação. Às vezes, tal ato simbólico pode servir para lembrar um

166   *Como Liderar: 8 lições para iniciantes*

grupo ou uma organização do significado básico da liderança. É como se o líder estivesse dizendo: "Gostaria de estar convosco mais vezes, especialmente quando há um trabalho sujo ou árduo a fazer, mas as minhas outras responsabilidades não me permitem. Pelo menos o que fiz esta tarde é um sinal de que falo sério."

EM EQUIPE E CÍRCULOS INDIVIDUAIS

A importância de dar o exemplo no estabelecimento, na manutenção ou alteração de normas de grupo já foi abordada. O que quer que precise que o grupo faça, você deve estar preparado para fazer você mesmo. A pontualidade é um exemplo óbvio. Se quiser que cada membro ajude os outros com seu trabalho, você pode melhor transmitir isso ao agir assim. As normas das relações humanas — escutar, respeitar, comunicar e cuidar — podem ser melhor transmitidas pelo exemplo.

Quando Jesus quis mostrar aos seus discípulos que, como líderes, eles deveriam estar preparados para atender às necessidades dos indivíduos, ele não lhes deu uma longa palestra sobre psicologia social. Em vez disso, tomou uma tigela, um jarro de água e uma toalha, ajoelhou-se e lhes lavou os pés empoeirados. Ao desempenhar as funções de um humilde servo doméstico, ele estava também lhes ensinando a necessidade de humildade como líderes, uma virtude em flagrante contraste com a arrogância dominadora de muitos dos reis da época.

"É certo", escreveu Shakespeare em *Rei Henrique IV*, "que ou o porte sábio ou o porte ignorante são capturados, à medida que os homens adoecem, portanto deixem os homens prestarem atenção à sua companhia". O exemplo é contagioso. É a ação ou conduta que induz à imitação. As crianças são naturalmente imitativas: é a forma como aprendem. Como adultos, mantemos essa característica. Ao criar o clima certo de propósito, unidade e trabalho em equipe, como você se comportar como líder pode ser decisivo.

"Você menciona a integridade como uma qualidade importante", perguntou um gerente a lorde Slim em uma grande conferência para gerentes e diretores. "Pode sugerir como essa qualidade pode ser disseminada na indústria?" "Sim, pelo exemplo", respondeu Slim.

Bom exemplo, então, tem poder criativo, especialmente se envolver um elemento de autossacrifício. Pode funcionar na mente das pessoas para alterar os seus hábitos. Esse processo pode levar tempo, mas o líder cujo exemplo apoia as suas palavras se coloca numa posição inatacável. Ninguém pode acusá-los de hipocrisia, de pregar uma coisa e fazer outra.

Foi isso que deu a Nelson Mandela a sua autoridade moral única enquanto líder — partilhou os perigos, as dificuldades e os sofrimentos do seu povo. Longos anos de prisão em Robben Island aumentaram a sua estatura como líder pelo exemplo. Deu-lhe maior poder para inspirar outros — até mesmo alguns dos seus captores.

Você pode ver agora que o princípio de liderar pelo exemplo é um desafio, pois envolve não apenas o que você *faz*, mas também quem você *é* e como escolhe viver. Lembre-se de que a liderança nunca pode ser uma coisa à parte. Em termos práticos, o seu próprio exemplo é a arma mais poderosa ao seu comando.

Como Dag Hammarskjöld, secretário-geral das Nações Unidas até 1961, escreveu uma noite no seu diário: "A sua posição nunca lhe dá o direito de comandar. Só lhe impõe o dever de viver a nossa vida de tal modo que os outros possam receber as nossas ordens sem serem humilhados." Pouco depois de ter escrito essas palavras, Hammarskjöld perdeu a vida quando o avião em que estava caiu. Ele estava a caminho para tentar levar a paz a uma região conturbada da África Central.

> *"Estes são tempos difíceis em que um gênio desejaria viver. Grandes necessidades exigem grandes líderes."*
> ABIGAIL ADAMS, ESCREVENDO PARA THOMAS JEFFERSON,
> 1790

CHECKLIST:

LIDERANDO PELO EXEMPLO

Qual destas afirmações diria que mais se aplica a você:

As pessoas comentam o bom exemplo que você dá no trabalho. ☐

Você nunca pede aos outros para fazerem o que você mesmo não deseja. ☐

Às vezes, seu mau exemplo entra em conflito com tudo que leu neste livro. ☐

Você não percebe a importância do exemplo e não consegue identificar que tipo de exemplo está dando. ☐

Em que ocasião no último mês você deu o exemplo de propósito?

Sua atitude teve efeito na equipe ou um membro?

a) Imediatamente   Sim ☐   Não ☐

b) Alguns dias depois   Sim ☐   Não ☐

Em quais problemas na manutenção da equipe você poderia ajudar a resolver dando um bom exemplo?

1. _____

2. _____

                                                  Sim   Não

Já compartilhou os perigos, os trabalhos e as dificuldades daqueles que você lidera?   ☐   ☐

Pontos-chave

Lembre-me sempre de que a verdadeira liderança é feita pela frente. Fazer isso não só mostra o caminho, mas faz com que outros o sigam de bom grado.

O exemplo é muito importante na construção da equipe. Não é um caminho fácil. A maioria de nós pode fazer eco das palavras de Shakespeare em *O Mercador de Veneza*: "É mais fácil eu ensinar a vinte pessoas o que é bom para ser feito, do que ser uma das vinte a seguir meu próprio ensinamento."

Líderes reais compartilham a sorte de seu povo, não reivindicando privilégios especiais ou isenções. Eles estão entre os seus, não sobre eles — servos em vez de mestres.

Só conduza até onde está disposto a ir sozinho. Quando esse chumbo físico não é apropriado, você pode dar o exemplo, por exemplo, trabalhando duro ou sendo preciso e bem informado.

O exemplo pode ajudá-lo a *construir a equipe*, pois você pode ilustrar por exemplo os padrões do grupo que está procurando manter ou alterar para melhor. O *indivíduo* que o conhece ou o vê de longe pode ser inspirado a imitá-lo.

Talvez você precise de uma imaginação criativa para aplicar esse princípio de liderança pelo exemplo, mas é preciso aplicá-lo se estiver empenhado em se tornar um líder melhor. Se isso exigir um elemento de autodenúncia ou sacrifício de sua parte, de modo que partilhe plenamente dos perigos e das dificuldades do seu pessoal, tanto melhor. Isso quase vai fazê-lo ganhar uma resposta positiva.

"Ducere est servire (Liderar é servir)."
LEMA DO CHARTERED MANAGEMENT INSTITUTE DA GRÃ-BRE-
TANHA

APÊNDICE

Respostas aos exercícios

Exercício 2: Você tem o que é preciso para um cargo de chefia na liderança? (página 25)

Ranking dos atributos classificados como mais valiosos no nível superior de gestão por uma seção transversal de diretores executivos bem-sucedidos.

1 Capacidade de tomar decisões	12 Disponibilidade para assumir riscos
2 Liderança	13 Empresa
3 Integridade	14 Capacidade de falar com lucidez
4 Entusiasmo	15 Astúcia
5 Imaginação	16 Capacidade de administrar eficientemente
6 Disponibilidade para trabalhar arduamente	17 Ter a mente aberta
7 Capacidade analítica	18 Capacidade de "manter" a sua posição
8 Compreensão dos outros	19 Vontade de trabalhar longas horas
9 Capacidade de detectar oportunidades	20 Ambição
10 Habilidade para enfrentar situações desagradáveis	21 Mentalidade única
	22 Capacidade de escrita lúcida
11 Habilidade para se adaptar rapidamente à mudança	23 Curiosidade
	24 Habilidade com números
	25 Ter pensamento abstrato

Exercício 5: Soluções criativas (página 92)

Muitas pessoas, inconscientemente, colocam uma estrutura em torno dos pontos. Estão fazendo uma suposição sem perceberem isso. Mas o problema só pode ser resolvido saindo das barreiras invisíveis e autoimpostas:

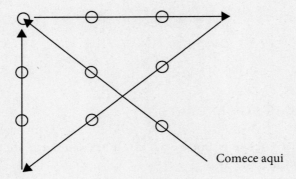

2. Ainda com os seis palitos de fósforo, as pessoas tentam resolver o problema em duas dimensões. A solução mais elegante, no entanto, é quebrar essa suposição e construir uma pirâmide tridimensional. Uma "Estrela de David" também é aceitável. Isso envolve criatividade, porque você está pelo menos colocando palitos de fósforo em cima uns dos outros, mas é menos emocionante.

Anotações

Conheça também o outro livro de John Adair

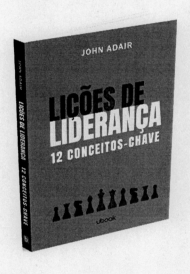

DISPONÍVEL EM:
www.ubook.com